나는 매일 새 차를 탄다

김세진 지음

나는 매일 새 차를 탄다

초판 1쇄 발행 2020년 12월 1일

지 은 이 김세진
발 행 인 권선복
편   집 한영미
디 자 인 서보미
전 자 책 서보미
발 행 처 도서출판 행복에너지
출판등록 제315-2011-000035호
주   소 (07679) 서울특별시 강서구 화곡로 232
전   화 0505-613-6133
팩   스 0303-0799-1560
홈페이지 www.happybook.or.kr
이 메 일 ksbdata@daum.net

값 16,000원
ISBN 979-11-5602-847-5 (03190)

Copyright ⓒ 김세진, 2020

도서출판 행복에너지는 독자 여러분의 아이디어와 원고 투고를 기다립니다. 책으로 만
들기를 원하는 콘텐츠가 있으신 분은 이메일이나 홈페이지를 통해 간단한 기획서와 기
획의도, 연락처 등을 보내주십시오. 행복에너지의 문은 언제나 활짝 열려 있습니다.

현대자동차 지점장이 만나온 카마스터 이야기

나는 매일 새 차를 탄다

김세진 지음

에피소드로 풀어낸 영업맨의 희로애락

코로나 팬데믹이 가져온 변화의 시대에 전하는 위로와 노하우
성공을 꿈꾸는 사람들을 위한 현실 메시지

도서
출판 행복에너지

인맥을 동원해 물건을 팔던 한 영업 사원은 회사 사장과 개인적인 친분을 나눌 정도로 성공한 세일즈맨이었다. 30년간 오직 세일즈맨으로 살아오면서 자기 직업을 자랑으로 삼고 성실하게 일하면 반드시 성공한다는 신념을 가지고 있었다. 그렇지만 똑똑해진 소비자들의 변화를 제대로 알아채지 못해 실적은 갈수록 떨어지고 나이가 들면서 회사의 분위기와 새로운 영업 방식에도 적응하지 못해 결국 오랜 세월 근무한 회사에서 몰인정하게 해고당하고 만다.

시대에 뒤떨어진 탓에 희생자가 된 아서 밀러의 『세일즈맨의 죽음』에 나오는 영업 사원 윌리 로만 얘기를 영업 측면에서 봤다.

우리도 이렇게 되지 말라는 법은 없다.

스마트폰 하나로도 언제 어디서나 원하는 자동차를 살 수 있는 시대다. 이제 고객들은 인터넷을 통해 제품 정보를 확인하고 다른 소비자들이 적어 놓은 사용 후기를 보고 클릭 몇 번 해서 자동차를 구입할 수도 있다. 그럼 고객과 마주 앉아서 설명하고 설득하는 기존의 자동차 영업 방식은 필요가 없는 것일까. 카마스터(카마스터는 현대자동차 영업 사원의 공식 호칭이며 직원 상호 간에는 통상 ○○ 과장, ○○ 부장이라고 부른다)도 윌리처럼 종말을 맞을 것인가.

그렇지만 아니다. 영업의 방식이 달라진 것이지 영업 자체는 기업이 존재하는 한 아주 중요한 요소로 남을 것이다. 다만 영업 방식 변화에 대해서는 좀 더 생각해야 할 필요성이 있다고 본다.

코로나19가 우리네 일상생활을 그 이전과 확실히 구분되도록 변화시켜 놓았듯이 인터넷도 자동차 영업 방식과 카마스터의 필요한 자질을 많이 바꿔 놓았다. 요즘의 고객들은 자동차 전시장을 방문해 카마스터와 상담을 하는 시간보다 인터넷 검색을 통해 자신이 필요한 정보를 얻는 데 훨씬 더 많은 시간을 보낸다.

또 웬만한 자동차에는 불과 수년 전에는 상상도 하지 못했던 기능들이 들어가 있다. 이 모든 기능의 정보를 고객들은 인터넷을 통해 손쉽게 얻을 수 있다. 필요한 정보는 고객 스스로가 미리 다 알아볼 수 있다는 말이다. 정보를 얻을 방법이 다양해진 요즘 같은 시대에는 전문 지식이 부족한 카마스터는 상담할 기회조차 제대로 못 얻게 생겼다.

이는 관리자들도 마찬가지다. 자신의 역량을 키우기 위해서도 직원들을 성장시키기 위해서도 다양한 형태의 교육이 필요하다. 특히 카마스터 교육은 일반적인 기본 교육에다 선배나 상사의 귀중한 경험의 전수가 있어야 힘들고 어려운 시기를 극복할 수 있다. 평범한 수준의 직원들이 적절한 피드백과 동기 부여를 통해서 영업 실적이 향상되는 것은 회사 생활을 하면서 수많은 경험으로 확인했다.

이 책에서는 실적 우수자의 판촉 사례와 지점장으로서 겪은 경험을 사실적으로 적어 독자들이 참고할 수 있도록 했다. 늘 우리 주변에서 일어나는 일들이다.

책 제목 『나는 매일 새 차를 탄다』에서 '새 차'는 새 차 본연의 뜻 외에 성공한 사람들의 이미지 또는 그 자세와 태도를 의미한다. 물론 새로운 목표를 향한 도전의 이미지도 있다. 새 차 타기를 바라는 사람들은 이미 꿈을 실현한 성공한 사람들에게 그 방법을 묻고 배워서 자신의 것으로 만드는 것도 한 방법이다.

우수 카마스터들에게만 있는 특별함은 무엇일까. 이 책을 쓰기로 마음먹었을 때만 해도 나의 관심은 온통 눈에 보이는 외형적인 것에만 관심이 맞추어져 있었다. 얼마나 고객을 많이 만나는지, 얼마나 말을 잘하는지, 어떤 조건으로 고객의 환심을 사는지. 하지만 내가 근무했던 여러 지점의 우수한 카마스터를 집중 관찰하면서 나는 새 차를 타는 사람들은 외형이 화려한 사람들이 아니라 내적 본성이 절대적으로 강한 사람이라는 것을 깨달았다. 새 차를 타는 우수 카마스터들은 청산유수 같은 화술이나 파격적인 조건을 내세우기에 앞서 제품 지식과 같은 기본적인 학습은 물론 신뢰할 수 있는 성실한 근무 태도에 충실한 사람들이었다.

그들에게는 공통된 습관이 있다는 것도 알 수 있었다. 대화법, 고객과 주변 사람들을 대하는 태도, 시간관리 등 그들만의 습관이 있었다. 처음에는 일상적인 개인 습관이라 생각이 되었지만 관찰하다가 보니 새 차를 타는 사람들의 공통된 소중한 습관이었다. 이런 사소한 습관이 큰 성공을 가지고 온 것이라 생각되었다. 작은 이 습관은 누구나 따라 할 수 있는 것이지만 지속적으로 일상생활에서 실천하고 있는 사람은 매우 적었다. 그들은 일상적으로 일어나는 평범한 일에 자신만의 특별한 의미를 부여하고 그 마음이 고객에게 전달되도록 노력하는 사람들이었다. 기본 없이 외형만 바꾸어서는 실패할 수밖에 없고 패배자가 되어 언젠가는 기억에서 사라진다는 것도 잘 알고 있었다.

자동차의 기본은 믿고 살 수 있는 품질에 있고 카마스터의 기본 또한 신뢰할 수 있는 태도에 있다.

더 잘하는 것으로는 부족하다. 모두가 잘하려 노력하기 때문이다. 다른 사람과는 다른 방식으로 잘해야 한다. 그래야 절대적인 나의 지위를 누릴 수 있다.

성공한 사람들, 돈을 많이 번 사람들은 좋은 차를 탄다. 고급차를 탄다. 새 차를 탄다.

우리도 그들과 함께 새 차를 타러 지금 출발해 보자.

목차

새 차를 기다리는 마음

남자의 성공

나는 매일 아침 전시된 차량을 둘러보는 게 하루 일과의 시작이다. 코로나19 때문에 위생 안전에 더 신경을 쓰고는 있지만 간밤에도 이상 없는지 차량 안전 상태를 점검해 본다. 전시 차는 언제든 고객에게 인도될 수 있으므로 깨끗한 상태를 유지할 수 있도록 애쓴다.

자동차 구매를 생각하는 사람은 한 번쯤 전시장에 들러 외관도 둘러보고 운전석에 앉아 보기도 한다. 자신이 원하는 차가 없을 수도 있지만 앉아 보는 것만으로도 새 차를 산 기분을 느낀다.

손잡이에 손자국이 묻어 있으면 새 차 느낌이 들지 않아 세심하게 깨끗이 닦는다. 핸들이나 기어 박스 그리고 내비게이션 스크린 등은 손이 많이 닿는 곳이라 특히 주의 깊게 살핀다. 소독약을 뿌려 닦으면 방역도 되고 깨끗하기도 하여 보기에도 좋다.

"어제는 특히나 전시장에 고객 분들이 많이 방문하셨나 봐요. 손자국이 많이 묻어 있습니다."

나는 매일 새 차를 탄다

한켠에서 걸레로 손자국을 지우던 당직 카마스터(car master, 현대 자동차의 영업사원 호칭)가 크게 외친다.

"그러게, 요즘 들어 방문 고객이 늘었는지 차 닦는 시간이 길어지고 있어요."

소독제를 뿌리며 내가 응대했다.

"아닙니다. 그래도 고객님이 많이 찾아 주시니 일할 기분도 나고 보람도 있어 좋습니다."

당직 근무자의 말에서 진심이 느껴진다. 10분 정도의 짧은 청소 시간이지만 오늘도 전시장을 방문할 고객맞이에 같은 동료로서 하나 된 마음을 알 수 있는 강한 유대감을 느낀다. 이런 것이 동료애가 아닐까.

새 차 문을 열면 새 차 특유의 냄새가 난다. 평생 이 냄새를 맡고 살아 왔으니 내겐 여느 향수보다 더 친근하고 기분 좋게 여겨진다. 새 차 냄새를 좋아하는 사람들이 의외로 많다. 몇 가지 자료를 살펴보니 우리 감각 기관 중에 경험했던 기억과 감정을 잘 저장하고 필요할 때 끄집어내는 능력은 시각보다 후각이 더 뛰어나단다. 백화점이나 커피 숍 등에서 좋은 느낌을 받는 것도 후각이 인간의 감정과 기억을 의식 세계에 강하게 각인시키기 때문이라고 한다.

누구나 새 차 받아 처음 문을 열었을 때의 그 기분은 잘 잊지를 못한다. 대체로 일생 동안 몇 번밖에 살 수 없는 새 차를 산다는 것은 어느 누구에게나 신나고 흥분되는 일이다. 멋진 새 차에 오르는 것만으로도 가슴이 설레는 일이다. 적지 않은 내 노력과 시간의 대가를 고스란히 바치고 나서야 이 작디작은 공간을 차지할 수 있다. 새 차를 타는 순간만큼은 지난날 나를 힘들게 했던 평범한 일상조차도 행복으로 바꾸어 주는 신기한 일이 일어난다.

지그시 눈을 감고 지나온 일을 생각하면서 정상에 올라 있는 나를 상상해 보자. 잔잔한 음악이라도 켜 놓으면 영화보다 더 멋진 주인공으로 보일 것이다. 가족과 행복한 시간을 보내고 있는 나를 생각만 해도 멋지지 않은가.

이런 특별한 행복은 어디서 올까? 새 차에서 느낄 수 있고 만날 수 있는 건 아닐까. 이 순간 우리가 가장 민감하게 느낄 수 있는 것이 바로 '새 차 냄새'다. 말로 잘 표현할 수 없는 이 냄새가 이상하게도 갖고 싶고 누리고 싶은 나의 소유욕이나 성취감을 가져다준다. 이런 기분은 오로지 자신만이 느낄 수 있다. 그렇기에 다른 사람이 새 차를 사면 부러운 생각이 드는 것도 사실이다. 그래서 누구나 돈을 벌면, 성공하면 제일 먼저 차를 바꾼다. 새 차를 산다.

성공한 사람은 누구인가? 보통 사람들은 차를 사고자 하면 전화로 문의하거나 인터넷을 가장 먼저 검색을 한다. 또는 직접 지점에 찾아가기도 한다. 요즘에는 조금이라도 싼 가격이나 나은 조건을 찾아 이곳저곳 헤매는 수고를 마다하지 않는 사람들도 많다. 크게 차이가 나지 않는데도 말이다. 성공한 사람은 차를 사는 방식이 다르다. 차를 사기는 하지만 인터넷 조회를 하거나 이곳저곳 기웃거리지 않는다. 오히려 주변 사람들의 평판을 더 많이 듣고 참고한다. 그리고 자신의 결정을 믿는다. 무리한 가격 할인이나 특별한

나는 매일 새 차를 탄다

높은 품격과 안목을 가진 당신을 위한, 제네시스

조건을 내세워 카마스터를 어렵게 하지도 않는다.

에르메스나 샤넬 같은 명품 브랜드는 세일을 하지 않는다. 할인해 달라고 하는 사람도 없다. 그럼에도 불구하고 매장에 들어가려면 줄 서서 대기해야 한다. 어떤 품목은 주문하고도 몇 달씩 기분좋게 기다린다. 성공한 사람들이 원하는 것은 가격보다는 조용한곳에서 찬찬히 살펴볼 수 있는 여유와 직원들로부터 손님 대접을깍듯이 받을 수 있는 분위기이다. 단순한 편의 제공이 아니라 최상의 서비스를 받고자 한다. 꼭 내가 할 필요 없는 사소한 업무는 주위에서 대행해 주길 바라고 나는 다른 일에 신경 쓰지 않고 내 업무에만 집중할 수 있길 원하는 사람이다. 고도의 배려를 당당히요구할 수 있는 사람, 그런 성공한 사람을 우리는 자동차에서 꿈꾼다.

우리 일상생활에서 자동차의 비중은 얼마나 될까. 아마 대부분

집 다음이라고 생각하겠지만 어쩌면 누군가에게는 거의 전부일 수도 있다. 자동차를 신주 모시듯 애지중지하는 사람들도 있을 것이고, 그냥 단순한 이동 수단으로만 생각하는 사람들도 있을 것이다. 새 차든 중고차든 '자동차'를 사기로 결정했다면 나름의 상당한 고민과 시간을 쏟을 건 확실하다.

그렇기 때문에 구경만 하려고 갔다가 나도 모르는 새에 계약까지 하고 나오는 어이없는 일이 전시장에서 일어난다. 전시장의 마력은 여기에 있다. 이제 자동차 전시장은 보는 것뿐만 아니라 재미와 휴식 그리고 체험하는 공간으로 변하고 있다. 더불어서 많은 전시장은 자동차에 대한 상담, 구매, 시승 등의 정보를 고객에게 전달하는 중요한 공간으로 자리매김하고 있다.

이런 소중한 곳에서 매일 아침 나도 성공한 나의 모습을 그리며 새 차 문을 연다. 물론 오늘도 우리 전시장 문을 활짝 열고 들어올 많은 성공한 고객들을 기대하면서.

영업인의 건강

몇 년 전에 근무했던 지점의 L 카마스터. 누가 뭐래도 이 사람만큼 열심히 일하는 사람은 없다. 회사에서도 손꼽히는 우수 사원이다. 정말 하루해가 모자란다. 아침부터 전화를 놓지 않는다. 목소리가 커 작은 사무실이 쩌렁쩌렁 울린다. 책상 위는 작은 메모지로 가득 차다 못해 메모지 위에 메모지가 붙어 있을 정도다.

그와의 점심 약속은 정말 어렵다. 몇 번이나 미루고 연기하고 난 후에야 겨우 잡을까 말까 하다. 운이 좋아 약속을 잡아도, 그 사이에 고객 전화가 오면 나는 또 포기해야 한다. L과의 약속에는 언제든지 기분 좋게 퇴짜 맞을 준비가 되어 있다.

L의 특기는 걸어 다니기다. 활동 범위가 재래시장과 공구상가여서 차를 타고 다닐 수도 없다. 고객에게 시간을 맞추다 보니 퇴근 시간이 따로 없다. 지점에서도 언제나 나보다 늦게 퇴근하는 유일

한 사람이다.

간간이 나는 그가 너무 무리하는 것 같아 노파심에서 말을 건넨다.

"운동도 해야 피곤이 풀어지고 건강도 유지할 텐데 몸도 신경 쓰셔야지요."

"제 몸을 보십시오. 저는 지금 엄청 튼튼하고 건강합니다. 아내가 챙겨 줘서 영양제도 먹고요. 더구나 매일 고객 만나느라 하루 종일 걷기 때문에 운동은 저절로 됩니다. 걷는 운동이 최고 아닙니까?"

"그래도 따로 운동할 시간을 가져야 되지 않나요?"

"아닙니다. 생각하기 나름인데 저는 고객 만나는 게 운동이고 운동하면서 고객을 만난다고 생각하니까 시간도 절약되고 마음도 상쾌해서 아주 좋습니다."

실제 그랬다. L은 항상 즐겁다. 뭐가 그렇게 좋은 일이 있는지 늘 콧노래를 부른다.

"이번 명절엔 가족들과 해외여행 계획을 짰습니다. 우리 가족은 여행 추억이 한 번도 없다고 애들이 하도 졸라 대서요. 연휴에 하루 더 쉬었다 오겠습니다."

설 연휴를 앞두고 L이 말했다.

"그래요, 아주 잘 생각했습니다. 잘 다녀오시고요. 그런데 요즘 기침을 좀 많이 하는 거 같던데 괜찮겠어요?"

"이틀 뒤에 떠나니 낫겠지요. 미리 약을 더 타서 가려고 합니다."

"하루라도 푹 쉬면 감기가 뚝 떨어질 텐데…. 하여간 조심해서

나는 매일 새 차를 탄다

즐거운 여행이 되시기 바랍니다."

콜록거리며 추운 밖으로 또 나가는 L이 안쓰러웠다.

설 연휴가 지나고 L이 돌아왔다. 웃음을 지으며 인사하는 얼굴엔 다크서클까지 끼었다.

"이게 무슨 일이래?"

"아이고, 죽는 줄 알았습니다. 난생 처음 가족 해외여행에서 감기 때문에 내내 호텔에만 있다가 왔습니다. 여행도 가던 사람이 가야지 저 같은 사람은 평생 고객 만나는 일만 해야 되나 봅니다. 여행 간다 할 때부터 몸이 영 안 좋더니 출근하니 이렇게 개운합니다. 감기 다 나았습니다. 하하하."

그의 호탕한 웃음소리를 들으니 정말 다 나은 것 같았다. 일을 해야 건강을 유지하는가 보다.

"그 봐요, 그러니 이제부터는 조금씩 시간 내서 가족 여행도 하고 건강도 챙기세요. 그래야 더 건강하게 오래 일할 거 아닙니까."

내 자리에는 중요한 운동 기구가 하나 있다. 운동 기구라고 하기엔 너무 작으나 나에겐 아주 소중한 것이다. 바로 푸시업 바(push-up bar)다. 나는 매일 아침 출근을 해서 그리고 퇴근하기 전에 반드시 팔굽혀펴기를 한다. 각각 50회씩 하는데 운동하는 시간이라야 대략 1분 정도면 끝난다. 빼먹지 않고 매일 운동하기 위해서 푸시업 바를 눈에 잘 띄는 곳에 두어 지점장실에 들어서면 바로 집어

들 수 있게 했다. 5~6년 전부터 시작했는데 지금은 아예 습관이 되어 출퇴근 시에는 나도 모르게 푸시업 바를 드는 게 자연스럽다. 그게 뭐 대단하냐고 할지는 모르지만 특별히 따로 운동하는 게 없는 나로서는 아주 중요한 운동 습관이다. 또 팔굽혀펴기의 운동 효과가 크고 좋다는 걸 요즘에서야 인터넷을 보고 알았다. 어깨, 가슴 등 상체 근육을 발달시키는 것은 물론 스트레칭 효과도 있단다. 그래서 부상을 방지하고 바른 자세를 만드는 데도 도움을 준단다. 의자에 앉아 있는 시간이 많은 나에게 아주 좋은 효과이다.

여기까지는 누구나 알 수 있겠지만 더 중요한 부분이 있다. 바로 심혈관 건강 증진 효과가 아주 크다는 것이다. 유산소 운동은 아니지만 팔굽혀펴기같이 많은 근육을 사용하는 운동은 혈액 순환에 도움을 주어 근육들이 수축과 이완을 반복하여 심장이 뛰는 것

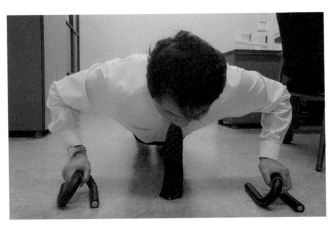

푸시업으로 시작하는 건강한 하루

나는 매일 새 차를 탄다

처럼 혈액을 순환시키는 데 도움을 준단다. 이런 운동 덕분인지는 몰라도 그리 배도 나오지 않고 잡다한 성인병이 하나도 없다. 이런 효과를 알고 시작한 것은 아니지만 사무실에서 아주 짧은 자투리 시간에도 건강에 좋은 운동을 할 수 있어 우리 직원들에게도 권하고 있다.

우리가 몸을 건강하게 하는 이유는 무엇인가? 물론 아프지 않고 건강하게 행복하게 사는 데 있을 것이다. 하지만 이렇게 내 몸을 건강하게 하는 이유는 일을 잘하기 위함이 아닌가. 굳이 여기서 일의 의미를 따지자는 것은 아니다. 다만 우리가 살아가는 데 건강이 중요한 것은 현재 나의 일을 잘하기 위함이라는 것만큼은 언제나 확실하다.

우리에게 많은 울림을 주고 있는 100세 철학자 김형석 교수님은 "운동은 건강을 위한 것이고, 건강은 일을 위한 것이다. 처음에는 돈이 필요해서 일하고, 더 지나면 일이 좋아서 일하고, 나중에는 더 많은 사람의 자유와 행복을 위해서 일하게 되더라. 장수와 건강의 비결은 일을 사랑하는 것이다."라고 말했다.

그렇다. 자신의 일을 사랑하는 것이야말로 건강과 장수의 비결인 것이다.

좋은
아침

"와인 두 병만 주십시오."

"응? 어제 당직이 S 카마스터였어요? 내가 잘못 알았나?"

"맞습니다. 제 당직이 아니었습니다. 하지만 업체 방문하려니 마땅한 선물이 없어서요. 그래서 계약은 못 했지만 와인 한 병 주시면 고맙겠습니다. 다음 당직 근무 때 꼭 계약하겠습니다."

"와인도 가불인가? 하하하. 자, 여기 있으니 잘 다녀오세요. 이번 것은 특별 선물입니다."

와인을 받아든 S의 얼굴이 환해진다.

매일 아침 조회 시간에 빼먹지 않는 축하 행사가 있다. 전날 당직 근무자가 전시장 방문 고객을 대상으로 계약을 했을 경우 고급 와인을 선물하는 거다.

생각하기에 따라 다르지만 지점에서는 자동차를 계약하고 출고

포상으로 시작하는 아침 조회

하는 통상적인 업무가 매일 쳇바퀴 돌듯 이어진다. 물론 그런 단순함 속에서도 출고 지연, 정비 불만, 판매 독려 등의 작은 분주함이 벌통 속의 꿀벌처럼 부산하게 움직이고 있다.

영업 지점이라 판매 얘기를 안 할 수야 없지만 실적이 안 좋을 때는 공지하는 사람도 듣는 사람도 고역이다. 같은 얘기라도 좀 더 재미있고 지루하지 않게 전달하려고 온갖 머리를 다 짜낸다. 밋밋할 것 같은 아침 조회지만 조금이라도 재미있게 시작하는 방법이 뭐 없을까 생각해 봤다.

동기 부여도 할 겸 전시장 방문 고객의 계약률을 높이기 위해 조그만 선물로 와인이 좋겠다 싶었다. 와인이라는 술에 대한 이미지도 좋고 가볍게 부담 없이 서로 주고받을 수 있는 무난한 선물이었다.

처음에는 전시장에서 계약한 고객에게 답례로 드리니 반응이 괜찮았다. 차 계약하러 왔다가 의외로 와인까지 한 병 받아 가니 기분이 좋았을 것이다. 피치 못해 해약하게 된 어떤 고객은 계약 때 받은 와인까지 되돌려 주겠다며 가지고 온 적도 있었다. 당연히 그건 아니다.

나중에는 당직자에게 포상을 했다. 당직자가 고객에게 선물로 드리든 본인이 가져가든 맘대로 하게 했다. 집에 가져간다면 가족들이 웬 것이냐고 물어볼 것이고 가져온 이유를 알면 아빠 어깨도 으쓱해질 것이다. 가족과 함께 즐길 수 있으면 효과는 두 배다.

"자, 오늘의 주인공은 P 카마스터 님입니다. 그것도 두 대씩이나 말입니다."

"와아!" 짝짝짝!

아이든 어른이든 남들 앞에 나서서 포상을 받는 것은 기분 좋다. 와인을 포상하겠다 하니 처음엔 의아해하기도 하고 박수를 치기도 받기도 어색해했다. 그렇지만 이내 그런 분위기는 없어졌다. 차를 잘 파는 직원이야 늘 받는 포상이 익숙하고 당연하겠지만, 지점에서 거의 존재감이 없었던 B 카마스터가 처음으로 포상을 받을 때는 전 직원들이 "오~" 하는 감탄사를 연발하기도 했다. B는 멋쩍은 표정을 지으면서도 싫지는 않은 모양이다. 받은 와인을 남들이 잘 볼 수 있도록 의도적으로 퇴근할 때까지 책상 위에 올려놓았다. '나도 이런 사람이야!' 하듯이.

나는 매일 새 차를 탄다

아침 조회를 시작하면서 포상하기 때문에 분위기가 아주 좋다. 주는 사람도 받는 사람도 오늘은 어떤 멘트로 포상을 할까 은근 기대한다. 가능하면 그 직원의 특정한 행동에 대해 칭찬을 하면서 포상을 한다. 예를 들면 "우리 박 부장님의 상담 실력은 알아줘야 합니다. 고객을 많이 웃게 만들어 긴장감이 전혀 없게 만들더라고요.", "정 차장님은 몇 번이나 즉시 출고 가능한 차를 확인하여 고객으로 하여금 신뢰감을 주었습니다." 하다하다 할 말이 없으면 "어제 고객은 너무 쉽게 계약하여 친구인 줄 알았습니다."라고도 한다. 그 직원이 앞으로도 계속해서 했으면 하는 좋은 태도에 대해 나의 바람을 얹어 칭찬한다.

사람은 누구나 주변 사람들로부터 인정받고 싶은 욕구가 있다. 열심히 일했는데 아무도 알아주지 않는다면 그냥 그러려니 하겠지만 포상을 하면 자신의 노력을 지점에서 알아주고 있다는 것을 느끼게 되어 더욱 분발할 수 있는 힘이 생긴다. 적절한 칭찬과 격려는 개인의 능력 향상과 더불어 조직에서도 호의적인 결과를 얻을 수 있다. 더러는 이런 욕구를 이용해 상을 남발하여 소박한 욕구를 채워 주고 그 과정에서 자신의 지휘권에 대한 힘을 얻고자 하기도 한다. 하지만 잘만 활용하면 포상은 적은 비용으로 직원들의 동기를 유발하여 생산성을 높이고 지점 목표를 향해 나아갈 방향을 제시할 수 있다는 데에서 효율적인 제도이기도 하다. 조그만 포상이지만 그 직원은 자신의 노력을 또다시 인정받기 위해 지속적인 노력을 하게 된다.

짧은 시간이지만 직원과 나 사이에 친근감이나 호감이 형성될 수도 있어 관계 향상에도 좋다. 그렇지 못한 다른 직원들도 애써 태연한 척은 하지만 옆 동료가 포상 받는 것을 무심히 바라보지만은 않는다. '나도 인정받고 싶다.'라는 경쟁의식과 더불어 동기부여도 받게 된다. 그러므로 양쪽 모두의 실적 향상이라는 긍정적인 효과를 얻을 수도 있다.

포상을 하다 보면 아무래도 판매를 잘하는 직원에게 편중되게 마련이다. 계속 같은 사람이 받으면 주는 사람도 받는 사람도 또 보는 사람도 식상하고 재미가 덜해진다. 이럴 때는 팀 캠페인으로 돌려 팀원 전체가 포상을 받을 수 있도록 유도하기도 한다. 어차피 주려고 준비한 것인데 가능하면 재미있고 많은 사람이 받을 수 있도록 조절하는 것이 지점 운영의 묘가 아닌가 한다. 어쨌거나 와인을 준비한 이유는 당직자의 사기를 높여 지점 분위기를 활활 살리는 데 있다.

나는 매일 새 차를 탄다

하루

"아, 오늘은 K 카마스터와 동행 판촉 나가십니까?"

벽에 걸린 내 일정표를 보면서 운영 팀장이 말한다.

"맞아요, K 카마스터와 약속 있습니다."

"내일은 지점장님 일정이 비었네요. 그럼 내일 본부에 좀 다녀오겠습니다. 판촉물 나온 게 있다 해서요."

"그래요."

이렇게 운영 팀장과 늘 아침 조회 시작 전에 티타임을 하면서 가볍게 얘기를 주고받는다. 오늘의 해야 할 일과 전달 사항 등을 서로 상의하는 시간이다. 아침이라 아주 짧게 마주하지만 오늘 하루를 계획하는 중요한 시간이다.

장기근속 휴가로 열흘을 쉰 적이 있다. 입사 이래 가장 긴 휴가를 간 것 같다. 사흘 제주도에 갔다 오니 그 다음엔 갈 곳이 없었다. 하루는 뒹굴며 책을 보고 다음날은 남산도 올라 보고 또 그 다음날은 충주까지 드라이브를 갔다 왔지만 그 후론 할 일이 없었다. 코로나 19로 인해 멀리 여행을 못 가기 때문이기도 하지만 도무지 할 일을 못 찾겠다. 지점이 집 앞에 있지만 휴가 내 놓고 출근하기도 모양 새가 안 난다.

며칠 전에도 그랬다. 주섬주섬 옷을 입자 어디 갈 거냐고 묻는 아내에게 바람이라도 쐬자며 차에 올랐다. "어디 가고 싶은 데 없어? 어디 가 볼까?" 묻는 내게 "아무 데나 당신 가고 싶은 데로 가."라고 무심하게 대답했다. 주차장을 나왔는데도 갈 곳을 찾지 못했다. "어디 가지?" 애처롭게 묻는 내가 처량하다. 아파트 앞에서 한참을 서서 같은 말만 되풀이하다 결국 동네만 한 바퀴 돌다 들어왔다. 정해진 목적지가 없으면 아무 데도 떠나지 못하는 내가, 즉흥적인 순발력이 떨어지는 내가 아내 앞에서 창피만 당했다.

나는 계획을 잘 세운다. 이번 달 목표 달성 계획이나 판촉 일정 등은 제대로 실행이 되든 안 되든 반드시 계획을 세웠다. 그래서 내 노트나 메모지에는 무슨 일에 대해 계획을 적다 말다 한 게 수없이 많다. 세월이 흘러서인지 일이 많아서인지는 모르겠으나 글로 써 놓지 않으면 잊어버리거나 헷갈렸다. 그래서 일정을 휴대폰에도 저장하고 달력에도 써 놓고 벽에 걸린 일정표에도 적어 놓았다. 이렇게 해도 잊어버리는 것이 있다.

지점장은 개인 일정도 일정표에다 적어 놓을 필요가 있다. 휴대폰에 저장한 메모는 혼자만 아는 일정이고 계획이다. 지점장은 혼

나는 매일 새 차를 탄다

계획으로 묶인 하루들

자가 아니다. 적어도 회사 관련하여 일어나는 일은 직원들과 공유를 해야 할 필요가 있다. 일주일 후 열흘 후의 일이라도 한 달 뒤의 일이라도 반드시 일정표에 적어 직원들의 눈에 띄게 해야, 그래야 말을 안 해도 서로가 알 수 있다.

가능하면 청색이나 빨간 펜을 섞어서 쓰고 소소한 일정도 적어서 일정표가 꽉 차게 보이게 하는 게 좋을 것 같다. 일정표를 붙여 놓고 빈칸이 많으면 오히려 안 적느니만 못하다. 지점장이 아무 일도 없거나 또는 아무 계획이 없는 것처럼 보일 수도 있기 때문이다. 우리 지점장은 늘 어떤 일정으로 꽉 차 있고 열심히 일하고 있구나 하는 것을 은연중에 직원들에게 알게 할 필요가 있다.

이것은 또 직원들로 하여금 고객과의 약속이나 판촉 계획을 정해 놓고 일하게 만드는 효과도 있다. 물론 대부분의 직원들이 계획을 세워 일하지만 그래도 혹시라도 그렇지 않은 직원이 있다면 본보기가 될 수도 있다.

리더는 조그만 행동이라도 반드시 계획을 세워 일하고 있는 모습을 직원들이 보게 할 필요가 있다. 지점장이 그렇게 편한 것만은 아니다.

이렇게 일과표를 적어 나가다 보면 가끔은 그 계획표에 의해 내가 나를 스스로 구속시키는 건 아닌가 하는 이상한 기분이 들 때가 있다. 마치 이 날은 이것을 하고 저 날은 저것을 해야만 한다고 명령하는 것 같다. 계획된 일보다 더 중요한 일이 있는데도 미리 정해 놓은 계획 때문에 미뤄야 하는 아이러니한 일도 생긴다.

옛날 노트를 뒤지다가 계획을 잘 세워야 한다는 내용의 어떤 강의를 들으면서 흘려 쓴 메모를 보았다. 이상적인 시간 계획은 없으며 있다고 해도 실제로 이루어진다는 보장도 없다. 그렇더라도 적어 보면 적어도 무작정 하루를 맞는 것보다는 시간 관리를 잘할 수 있다는 내용이었다. "시간을 계획한다는 것은 가장 이상적인 스케줄을 적는 것과 같으며 이상적인 한 주를 살 수 있다. 실행에 옮기기 힘든 계획도 있겠지만 적는 것만으로도 뭘 해야 할지 눈에 보여 좀 더 계획적이고 알차게 생활할 수 있다."는 그런 내용이었다.

집을 지을 때 먼저 설계도를 그리듯 일과표는 어떻게 하루를 보내야 하는지 생각해 보게 한다. 일상을 이탈하지 않고 즉흥적이 아닌 체계적이고 계획적으로 한 달을 살 수 있게 해 주는 소중한 지표이다.

나는 매일 새 차를 탄다

생일

아침 댓바람부터 고객이 찾아와 계약한 차가 출고가 늦어지는 바람에 큰 손해를 보게 되었다며, 협박 반 애원 반으로 지점장이 힘을 써서 빨리 자기 차를 빼 달라고 하소연하며 지점장실 한 자리를 차지했다. 회사 상황을 설명하고 저도 힘쓸 테니 조금만 더 참아 주시길 간청하였다.

고객도 나도 서로가 애원하고 있었다. 한참 고객 설득을 하느라 판촉 상황 등 본부에 보고할 게 늦어졌다. 겨우 시간 맞춰 끝내니 오전이 다 지나갔다. 오후에는 우리 직원과 업체를 방문하기로 되어 있어 다녀오니 하루가 다 지나갔다. 예상치 못한 고객을 맞이하느라 오늘은 아침부터 하루 종일 몹시도 바쁘게 지낸 것 같다.

얼핏 보니 L 카마스터가 자리에 있었다. 성격이 밝고 활달한 직원인데 슬럼프에 빠졌는지 요즘 힘이 좀 빠진 것 같았다. 무슨 일이 있는지 궁금하기도 하여 며칠 전부터 계속 말로만 술 한 잔 하자고 하고 말았는데 오늘이 어떨까 싶었다. 나도 오늘 하루는 이상하게 일이 많이 생겨 바쁘게 지내다 보니 입도 말라 술 한 잔 하고 싶었다.

"혹시 시간 여유 되면 저녁 같이 먹고 들어갈래요?"

"지점장님이 괜찮으시면 저도 괜찮습니다."

"아, 잘됐네. 그럼 퇴근하고 같이 나갑시다."

지점 옆 삼겹살집으로 가 소주 한 병 주문하고 L의 분위기를 살펴보며 한참을 떠들어 댔다. 다행히 큰 문제가 있는 건 아니고 좀 피곤해서 힘이 없어 보였던 모양이라며 걱정 말라며 오히려 나를 안심시켰다. 고마웠다. 내일부터 다시 힘을 내자고 외치며 건배 잔을 들었다.

"지점장님, 오늘 Y 선배님하고 같이 나오려 했는데 선배님은 내일이 생일이어서 가족들과 식사 약속이 있다 하여 같이 못 왔습니다. 미안하다며 조만간 다시 날 잡자고 했습니다."

Y는 우리 지점의 가장 선임이다.

"아 맞다. 내일이 Y의 생일이었지. 그러고 보니 이번이 회사 생활 마지막 생일이네? 아주 의미 있는 날이구나."

Y는 정년을 앞두고 있었다. 갑자기 무언가를 제대로 해 줘야 할 것 같았다.

"어떻게 하면 좋을까? 뭐 생각나는 거 없어요?"

한참을 궁리한 끝에 L이 말했다.

"그러면 내일 아침 조회 시간에 꽃과 케이크를 준비해서 전 직원이 축하할 수 있는 자리를 만드는 건 어떻겠습니까? 그리고 스크린에 사진과 생일 축하 그림을 띄우면 유치하지만 그런대로 분위기가 살지 않을까요? 이 정도의 성의면 선배님도 좋아할 겁니다."

각자 일을 분담하기로 결정하고 기분 좋게 취해서 나왔다.

'내일은 출근을 좀 일찍 해야겠구나. 일찍 문을 여는 꽃집이 어디 있지? 근데 무슨 멘트로 시작해야 좀 더 의미 있는 행사가 될까?' 곰곰 생각하며 집으로 향했다. 그래도 선배를 대우해 주는 후배가 있는 우리 지점이 대견했다. 세상 모든 일이 술술 풀리는 것 같아 혼자 웃음 지며 집에 들어갔다.

조촐한 직원들의 생일 파티

늦었지만 퇴근하고 들어가는 나를 맞는 아내의 분위기가 어째 이상하다. 아니, 싸늘하다. 저녁을 먹었냐고 묻지도 않는다. 기분 좋게 퇴근하고 왔는데 집에 와서 망쳤다.

"무슨 일 있어? 왜 그래? 어디 아파?"

"아프긴 어디가 아파. 괜찮아. 빨리 씻어."

"남편이 회사 갔다 오는데 좀 방긋방긋 웃으며 반겨 주면 안 돼?"

짜증내며 가방을 내려놓는데 전화가 온다. 시집 간 딸내미다.

"아빠, 어디 갔었어?"

인사도 없이 다짜고짜 묻는다.

"아, 우리 직원이랑 얘기할 게 있어서 같이 저녁 먹고 지금 들어왔어. 왜?"

"아빠, 도대체 뭐 해?"

"뭐 하냐니?"

"오늘이 엄마 생일이잖아. 엄마도 아빠 약속이 있다는 건 아는데 왜 하필 오늘 같은 날 다른 약속을 잡느냐고. 아까 내가 전화했는데 받지도 않고…."

아니 내일 아냐? 아이고 이걸 어쩌나. 이런 무심한 남편이 있나. 잊을까봐 직원 생일은 달력에 이름 써서 표시하면서 30년을 같이 산 아내 생일은 단 한 번도 달력에 표시한 적이 없구나.

늘 회사 일이 힘들고 바쁘다고 하면서 나를 이해해 달라고 요구만 했지, 아내를 이해하려고 시도조차 하지 않았다. 항상 내 곁에 있는 사람이 소중하다는 것을 알지 못했다. 무심한 남편이라고 매

나는 매일 새 차를 탄다

일같이 노래를 부르는데도 무슨 뜻인지 도무지 몰랐는데 바로 이런 것이었구나. 결혼한 지 30년이 지나서야 겨우 알게 되고 알 만하니 정년퇴직이구나.

서글픈 자괴감이 들어 대꾸도 제대로 못 하고 이부자리에 들었다.

어떤 심리학 책에 "기억해야 할 것은 잊어버리고 잊어버려야 할 것은 기억하는 게 인간이다."라고 한 말이 생각난다. 이런 말이 책으로 나올 정도인 걸 보니 나 같은 사람이 많긴 많은 것 같다. 대체로 필요한 것을 잘 기억해 내지 못하거나 또는 기억하고 싶지 않은 것이 잘 잊히지 않는 것은 인간이 가진 보편적인 특성이란다. 나에게 정말 위안이 되는 말이다.

아내가 행복하지 못하면 남편은 결코 행복해질 수 없다고 한다. 남편이 행복해지려면 아내를 먼저 행복하게 만들어야 한다고도 한다. 그래야 남편이 행복해진단다. 지금 생각해도 나는 아내를 행복하게 만드는 재주가 없다. 언제였는지는 또 기억이 나질 않지만 언젠가 작은 찻집에서 찍은 사진 속의 아내가 무척 행복하게 보였다. 말은 안 했지만 그 모습을 보니 나도 덩달아 행복이라는 것을 느낄수 있었다. 생각해 보니 아내가 내게 원했던 것은 돈이 드는 일보다는 행동이나 말로 하면 되는 일이 대부분이었다. 귀찮을 수도 있겠지만 아내가 행복해진다면, 크게 노력해 보기로 또 다짐한다. 누군가 얘기했다. "아내의 얼굴이 남편의 성적표"라고. 오늘 내 성적표는 빵점이다.

인생

사람이 평생 한 직장에서 일하다 보면 지겨울 때도 있다. 빨리 그만두고 싶다는 생각이 들다가도 다시 붙잡고 싶은 게 직장인가 보다. 정년퇴직이 다가오면 몸보다 마음이 먼저 긴장이 풀리고 여유도 부리고 싶다. 일에 대한 열정도 떨어지고 실적도 떨어지는 게 당연한 것처럼 받아들이는 게 현실이다.

그렇지만 반드시 그렇게 생각하지 않는 사람도 있다. 할 일 없이 빈둥거리는 것은 삶의 여유가 아니다. 느긋하고 여유로운 마음가짐을 가지되 할 일이 있어야 한다. 게으름은 몸만 망치는 것이 아니라 온갖 잡동사니가 쌓여 마음도 머리도 혼탁하게 만든다며 부지런히 고객을 쫓아가는 카마스터가 있다.

L 카마스터가 그랬다. 30년이 넘게 다니던 회사 생활이 이제 1년 남짓 남았다. 다른 사람들은 그에게 이젠 일을 조금 줄여도 될 때

라고 했다. 충분히 그럴 자격도 있었다. 그러나 L은 다르게 생각했다. 오히려 회사에 근무할 날들이 얼마 남지 않았는데 지금 일하지 않으면 언제 하겠냐면서 오래된 낡은 노트를 펼쳤다. 힘들었던 신입 사원 시절도 아름다운 추억으로 포장됐다. 사람들은 나쁜 기억보다는 좋은 기억으로 보존하려는 습성이 있나 보다.

그간 소홀했던 고객을 다시 정리하여 인사하고, 마지막 봉사를 할 수 있도록 차를 사 달라며 적극적으로 판촉 활동을 했다. 30년 이상이나 자동차로 맺었던 귀한 인연을 다시 기억하여 한 분 한 분에게 문자 보내고 편지를 써 가면서 인사했다. 차를 샀든 안 샀든 알고 있는 모든 고객에게 연락을 했다.

"고객님, 오랜만입니다. L 카마스터입니다. 그동안 돌봐 주셔서 감사합니다. 고객님 덕분에 잘 근무하고 내년에 정년퇴직 합니다. 마지막으로 한 번 더 봉사할 기회를 주십시오. 혼신을 다해 모시겠습니다. 감사합니다."

차 배정이 지연되면 본사에 연락하여 빨리 출고될 수 있도록 독촉하고, 출고 후에는 거리에 관계없이 고객을 만나 자세하게 설명하고 감사 인사를 전했다. 세월은 피부에 주름을 만들지만, 사라진 열정은 영혼에 주름을 만든다고 했다. 낡은 생각과 낡은 습관을 버리고 새로운 마음으로 시작할 수 있는 열정이 더해질 때 끝까지 낡지 않고 멋지게 마무리를 해 갈 수 있는 것이다. 늦은 시간에도 휴일에도 일생의 마지막 근무를 화끈하게 마무리하고자 애쓰는 L의 모습이 너무나 아름다웠다.

L 자신도 마지막을 멋지게 장식하겠다는 마음을 먹으니 고객에

매일 아침 화분에 물을 주는 이운성 카마스터

대한 응대가 그전과는 사뭇 달라졌다. 사람 상대하는 것이 힘든 것
보다는 즐거움이 많았고, 무리한 요구를 하는 고객도 오히려 기분
좋게 대할 수가 있었다. 고객 질문에 제때 답을 못 해도 동료에게
물어 답을 해 주니 고객은 끝까지 해결해 주는 자세가 더 좋다며
칭찬했다.

그런 그에게 물었다.

"힘들지 않아요?"

그가 잠시도 머뭇거림 없이 싱글거리며 대답했다.

"이제야 일하는 기분이 듭니다. 오히려 재미있습니다."

이런 마음을 고객도 알아주는가. 찾는 고객이 늘고 상담이 많아
지면서 패기 팔팔한 젊은 시절에도 못 했던 자신의 한계를 넘어서
는 실적을 올렸다. 본인 스스로도 놀랐다. 자신의 일생에 이렇게
많은 차를 팔아 본 적이 있는가 하면서. 좀 더 일찍 계획을 세워 시

나는 매일 새 차를 탄다

도하지 않았음을 아쉬워하면서도 그는 말했다.

"이제라도 원 없이 차를 팔아 봤으니 제 자신에게 고맙습니다. 퇴직하면서 가족에게 떳떳할 수 있어 너무 좋습니다."

"퇴직하면 뭐 하실 겁니까?"

내게도 정년퇴직이 남의 일만은 아니어서 사람들이 많이 물어보는 질문을 또 했다.

"제가 다니는 교회에서 선교 활동을 할 겁니다. 회사 다닐 때 고객 대하듯 어려운 이웃들에게 봉사 활동을 하려고요. 가족들과도 이미 다 상의했습니다."

퇴직 후의 방향까지 명확하게 결정해 놓은 '이운성' 카마스터가 존경스러워 보였다. 자존심과 사명감으로 버틴 회사를 떠나면서 확실한 자신의 이미지를 심어 놓는다.

고객과 희로애락을 같이 겪다 보면 어느새 정년이 눈앞이다. 고객과의 만남으로 나의 관심과 능력을 인생의 가능성으로 만들어 가는 것, 이것만으로도 삶이 풍성하게 되는 것은 아닐까.

미국 경제학자가 세대별 행복도 연구한 결과를 인용한 신문기사가 있다.

일반적으로 세대별 행복도를 그래프로 그리면 '유(U)자형'을 보인다는 것이 학계의 정설이다. 대체로 10대 후반~20대 초반에 행복도가 1차 정점에 달했다가 이들이 학업을 마치고 사회생활에 뛰어들면서 하향 곡선을 그리기 시작한다. (중략) 하지만 행복도는 40대 후반~50대 초반에 바닥을 친 후 상승세를 나타내기 시작해 꾸준히 높아진다. 특히 주목되는 것은 60대에 이르면 10대 후반~20대 초반의 기록을 뛰어넘는 높은 행복도를 보인다는 사실이다. 말하자면 이전에 느끼지 못했던 행복감을 맛보게 되는 것이며, 일부는 그 행복도가 꾸준히 높아져 평생을 거쳐 '가장 행복한 시기가 아직 오지 않았다'는 사실을 보여준다.

– 헤럴드 경제신문 2017. 1. 15일자

충분히 열심히 회사 생활을 한 사람일수록 퇴직이 새로운 길이 열리는 계단으로 보이고, 회사를 족쇄라 여기며 제대로 일하지 않는 불성실한 사람일수록 퇴직은 모든 길이 끝나 버리는 낭떠러지로 다가온다. 온 힘을 기울여 회사를 위해 일한다는 것이 빈말이 아니다. 오늘따라 넘어가는 해가 더 아름다워 보였다.

나는 매일 새 차를 탄다

전문가

몇 년 전 하루는 당직자가 점심 식사를 하러 간 사이에 한 고객이 전시장으로 들어왔다. 내가 대신 상담을 했다.

"투싼 기본형에 루프 레일이 장착되어 있습니까?"

"아닙니다. 기본형엔 없습니다."

"나는 선루프는 필요 없으니 레일만 좀 달아 주십시오."

"죄송합니다만 부품은 구입해 드릴 수 있으나 출고 후 개인 정비 공장에서 장착하셔야 합니다. 이런 경우 만일 문제가 생기면 우리 회사에서 약속한 보증 수리는 받으실 수 없습니다."

"그러면 루프 레일 만드는 회사를 알려 주십시오."

내가 부품 만드는 회사 연락처를 어떻게 알겠는가. 고객에게는 일단 알아봐 드린다 하고 계약은 했다. 잘 모르겠다고 말할 수도 있었으나 차마 그럴 수는 없어 정비 주재원을 통하고 부품사를 통해서 겨우 찾아 알려 드렸다.

고객과 상담하다 보면 예상치 못한 질문을 받을 때가 많다. 또한 번은 이런 질문도 받았다.

"쏘나타와 비교해서 그랜저 앞좌석은 얼마나 더 높은가요? 제가 앉은키가 좀 커서요."

"미국에서 파는 G80을 구입하려면 어떻게 해야 합니까? 미국에서 사면 더 싸게 구입할 수 있다고 해서요."

물론 속 시원하게 대답을 해 주면 좋으련만 나도 선뜻 대답하기가 어렵다.

고객은 카마스터라면 자동차에 관한 모든 것을 다 안다고 생각한다. 잘 모를 때라도 무턱대고 모른다 하기보다는 알아봐 드리겠다고 하고 확인한 후 답변해 드려도 늦지 않다. 대체로 봤을 때 판매가 뛰어난 카마스터는 안 된다, 모른다는 말을 잘 하지 않는다. 지금 당장이 아니더라도 반드시 해결해 주겠다고 한다. 또 실제로 그렇게 한다.

현대자동차에서는 2,000대 이상 판매한 카마스터를 '판매장인'이라 호칭하여 예우한다. 한마디로 판매 전문가다. 이런 호칭을 받은 카마스터도 많다. 전문가란 대단한 존재다. 전문가는 자신의 지식과 경험에 문제 해결 능력을 더한 숙련된 사람을 칭한다. 이들은 이미 자신의 판매 세계에서 성공도 실패도 많이 경험해 본 사람들이다. 다만 실패도 자신의 경험으로 삼아 다른 성공으로 삼았을 뿐이다. 이들은 오랜 기간 자신의 숙련된 업무 속에서 조금씩, 아주 조금씩 고객의 입장이 되어 본 것이 다른 카마스터보다 고객의 선택을 한 번 더 받았고, 이것으로 전문가가 된 것이다.

우리는 흔히 숙련가보다는 전문가가 되어야 한다고들 한다. 전문가가 되기 위해서도, 숙련가가 되기 위해서도 자신의 일에 상당한 시간과 노력 그리고 무엇보다 중요한 경험의 축적이 필요하다. 많은 사람들이 주어진 일만 잘해도, 반복하는 일만 실수 없이 잘해도, 어느 정도는 전문성을 가질 수 있다고 한다. 적어도 고객과 관련된 일은 불편함이 없도록 해야 하며 회사에서 배운 것만이라도 제대로 활용한다면 이것만으로도 고객은 불평하지는 않을 것이다.

자동차를 사러 온 고객에게 카마스터는 업무에 능숙한 숙련가나 전문가처럼 보인다. 왜냐하면 오랫동안 자동차 판매를 하여 계약, 출고, 등록에 이르는 각각의 업무를 능숙하게 처리할 뿐만 아니라 개인의 상담 능력을 발휘하여 높은 실적을 올리고 있다고 생각하기 때문이다.

간혹 카마스터를 찾는 전화를 화가 난 고객으로부터 받는다. 이런저런 약속을 했는데 지키지 않는다면서. 아마 다른 일로 인해 고객과의 약속을 잊었거나 미룬 것 같다. 정비 약속이라든가, 안내 설명이라든가 하는 것은 조금 귀찮더라도 해결해 줄 수 있는 부분이면 내가 대신 처리한다. 나도 게으른 편이다. 하지만 고객과는 작은 약속이라도 빨리 해결하고자 한다.

고객은 카마스터가 모든 걸 다 해결해 주기를 원하지 않는다. 고객의 요청마다 해결이 다 되면 좋겠지만, 그렇게까진 아니더라도 오래 기다리지 않게 즉각적인 응대만 해 줘도 신뢰할 수 있는 사람으로 여긴다.

우리는 굳이 남들이 정한 규정 속의 숙련가나 전문가를 지향할 필요는 없다고 생각한다. 고객에 대한 나만의 기준을 정하고 내가 할 수 있는 최대한의 범위 내에서 숙련가가 되고 전문가가 되면 되는 것이다. 모두가 힘들다고 하는 지금의 어려운 기간은 결국은 나의 소중한 경험이 되어 또 다른 장애물과 부딪쳤을 때 숙련가를 뛰어넘는 멋진 전문가가 되어 있을 것이다.

눈앞의 미래, 수소연료전기자동차 넥소

나는 매일 새 차를 탄다

긴급 메모

TOP CLASS(현대자동차에서 연간 120대 이상 판매하는 사람)의 L 카마스터. 그의 일과를 보면 가히 살인적이다. 잠깐의 여유도 없는 듯 보인다. 전화를 달고 산다. 어떻게 통화하는 사람들을 구별해서 그에 맞는 얘기를 할 수 있는지 신기할 정도다. 실적이 좋으니 회사에서도 인정받고, 그러니 고객을 만나도 늘 자신감으로 똘똘 뭉쳐 있다. 그를 보면 자동차 영업은 머리와 몸이 동시에 재빠르게 움직여야 성공할 수 있는 직업임을 알 수 있다. 어쩌면 몸이 더 빨라야 하는지도 모르겠다. 그런 L이 고민에 빠졌다.

"글쎄, 계약이 많이 밀려서 순서대로 출고됩니다. 차장님이 오시는 거야 좋습니다만 오셔도 다른 말씀 드릴 게 없어서 말입니다."

"무슨 문제라도 생긴 겁니까?"

축 처진 어깨가 하도 무거워 보이기에 전화 끊기를 기다렸다가 말을 건넸다.

"제가 관리하고 있는 K업체에서 계약한 사장님 차가 안 나온다고 난리입니다. 동시에 계약한 회사 업무용 차량 13대 구매도 중단하겠다고요. 뿐만 아니라 저하고는 거래를 끊겠답니다. 회사 차량 교체 일정이 있는데 다 엉클어졌다고 담당자가 죽을 맛이랍니다. 그래서 지금 우리 지점으로 오겠다는데 어떻게 해결 방법이 좀 없을까요?"

K업체 사장님 차로 계약한 것은 새로 나온 제네시스 G80이었는데 그 차는 첫날에만 2만 대 이상 계약이 몰려 출고 적체가 아주 심한 차량이었다. 사장님 타실 차 출고가 늦다고 회사 업무용 차량 전체를 계약 취소하겠다고 한 건 좀 너무하다는 생각이 들었다. 하지만 푸념만 한다고 해결될 일이 아니었다. 계획을 잡아서 빨리 움직여야 했다. 무언가 행동하지 않고 앉아서 걱정만 하는 것보다는, 일단 한 걸음 내딛어 시도해 보면 생각보다 무섭지 않은 것들이 대부분이다.

일단 K업체 담당자에게 차량 출고가 늦어 죄송하다 하고 이틀 내에 확답을 주겠으니 그때 만나자고 했다. 운영 팀장에게 내일 L과 함께 본사에 가서 현 상황을 설명하고 긴급 요청을 하라고 한 뒤(물론 턱도 없지만) 나는 별도로 국내 판매 담당 임원님께 협조를 구하기로 계획을 잡았다. 지금같이 계약이 폭주해 출고가 늦어지고 있는 상황에서 본사 협조는 당연히 어림없는 소리였다. 누구나 다 급하다고 기다리고 있기 때문이다. 찾아간다고 해결될 일도 아니었다. 또 코로나19로 인해 본사 방문을 금지하고 있었다. 그래도 가 봐야 했다. 지점에서도 손 놓고 마냥 기다리는 것이 아니라 해결하기 위해 몸으로 뛰고 있다는 것을 업체에게도 보여 줘야 했다.

아니나 다를까, 운영 팀장과 L의 본사 방문은 그냥 한 번 간 걸로 끝났다. 하긴, 고객 독촉을 받는 건이 어찌 우리 지점밖에 없겠는가. 예상은 했지만 슬슬 불안해졌다. 불안은 위험에 미리 대비하

　　　　　　　　　　　　　　나는 매일 새 차를 탄다

게 해 준다는 점에서는 긍정적인 면도 있지만 지금은 준비할 시간조차 없었다.

이젠 임원님을 만나 사정 얘기를 하고 도움을 청하는 수밖에 없었다. 내 힘으로는 도저히 해결할 수가 없으니 이런 사정을 말씀 드리면 뭔가 해결 실마리가 풀리지 않을까 해서였다.

나는 K업체에서 작년에 우리 회사 차를 구입한 대수와 올해 계약 대수, 그리고 내년 예상 대수까지 한눈에 보기 쉽게 정리하고, 날짜별로 담당자와 상담한 내역을 간단히 적어 회사 내 메신저를 통해 미리 쪽지를 보냈다. 아무래도 메모를 미리 보면 통화하는 데 시간 절약도 되고 상황 설명이 빠르게 될 것 같아서였다. 결국 통화로 연결되지는 않았지만 임원님께 수고 많다며 상황을 알았으니 담당 부서를 통해 필요 조치를 해 주겠다는 답변이 왔다. 태풍이 지나간 듯한 긴장감이 스르륵 지나갔다. K업체 담당자가 더 좋아했다. L과는 잠시 소원했던 만큼 더 긴밀한 관계가 되었다.

사실 본사에서도 현장을 위해 노력은 하지만 지점이 많다 보니 현장의 어려움을 획기적으로 해결해 주지는 못한다. 그래서 지점들은 어려움을 말해 봤자 안 될 거라 생각하며 스스로 고민만 키우고 있다. 하지만 본사에서도 고객을 잃고 싶지 않은 마음 반, 안쓰러운 직원을 위하는 마음 반으로 어떻게든 처리해 주려 하기 때문에 미리부터 일어나지도 않은 일을 나쁜 상황으로 생각하며 걱정을 키우기보단, 내가 해결할 수 없는 정말 어려운 건은 망설이지 말고 부탁을 해 보는 것을 추천한다. 일단 도움을 요청하자. 그러면 내가 원하는 방향으로 시원하게 풀릴 것이다.

드라이빙의 모든 순간이 새로운, 제네시스 운전석

직원들은 지점장의 눈치를 본다. 보고할 때뿐 아니라 평상시에도 신경을 쓴다. 인사 평가나 판매 조건 등 업무 전반에 대한 관리권을 가지고 있기 때문에 의도하든 의도하지 않든 영향을 주고 있기 때문이다. 여기서 눈치라는 것은 업무가 잘못되면 어찌될까 하는 문책성 같은 두려움이 아니라 의식하고 있다는 것이다.

마찬가지로 직원들도 지점장의 행동을 주시하고 있다. 지점장의 권한으로 어찌할 수 없는 일이라 할지라도 근심 가득한 얼굴로 고민만 해 봤자 무슨 뾰쪽한 수가 생기겠는가. 안 되도 좋으니 끝까지 최선을 다해 움직이는 지점장의 모습을 직원들도 기대한다. 사람들은 말보다 얼굴에서 더 빨리 상황이 읽혀진다. 자신감 있는 표정으로 지점장이 직접 일을 챙기는 모습에서 직원들은 안심할 수 있다. 직원들의 편에 서서 대변해야 지점장을 보고 따라오는 그들의 신뢰를 얻을 수 있다. "인생의 위대한 목표는 지식이 아니라 행동이다."라고 한 헉슬러의 말이 새삼 가슴으로 다가온다.

나는 매일 새 차를 탄다

백색 소음

일과 시간이 다가오면서 출근하는 직원들로 아침이 분주하다. 나는 언제나 지점 출근을 제일 먼저 한다. 지금이야 집이 사무실과 가까운 것도 있지만 멀어도 늘 다른 직원들보다 일찍 출근했다. 뭐 그냥 단순한 습관이다. 업무 시작 임박해서 들어가면 왠지 마음이 조급해진다. 아무도 없는 사무실에 가장 먼저 들어가 전기 스위치를 켜는 기분은 아마 해 본 사람만이 알 것이다. 별것 아니지만 이런 기분도 익숙해져 좋다.

"안녕하십니까!" 큰 소리로 인사하며 들어오는 K 카마스터, "사장님, 어제 보내 드린 견적서 받아 보셨습니까?" 이른 아침부터 상담 전화 붙들고 있는 L, "오라이, 오라이, 그대로 쭉" 새벽같이 지점으로 들어온 새 차를 정리하는 J. 각양각색의 휴대폰 벨 소리, 끊임없이 들어오는 팩스 소리, 찌익 찍 프린트 소리….

우리 지점은 늘 분주한 소음 속에서 하루가 시작된다. 이런 소란

함이 있기에 지점이 활기차고 건강하게 잘 돌아가는 게 아닌가 한다. 자동차 영업 지점은 늘 부산하고 다소 시끄러울 정도의 소음이 많이 나야 일을 하는 것 같다. 사람에 따라 다르지만 나는 이런 분주한 소리를 좋아한다.

이름하여 '백색 소음'이라나? 백색 소음은 다른 소음과 달리 일상생활에 방해되지 않는 소음을 말한다. 라디오나 바람 소리 같은 넓은 음폭을 가지고 있어 귀에 쉽게 익숙해지기 때문이란다. 나야 뭐 이런 사실을 알고 좋아한 건 아니고 그냥 지내다 보니 그리고 알아보니 그렇다는 거다. 자동차 소음이나 사무실의 전화벨 소리도 이에 속하는지는 잘 모르겠지만 어쨌든 사무실에서 나오는 이런 소리들을 나는 좋아한다. 시끌벅적한 소음들 속에서 오히려 나는 편안함을 갖는다.

기분 좋게 출근하면서도 오늘은 어제보다 계약이 더 많이 되길 바라는 실적에 대한 스트레스를 안고 간다. 매일 아침 보게 되는 지점들 간의 실적 순위 그래프는 짐작을 하면서도 잘되면 잘되는 대로, 안되면 안되는 대로 보는 자체가 스트레스다. 30년 이상을 매일 아침 순위 그래프지를 봐 왔지만, 그래도 신경이 쓰이는 것은 그때나 지금이나 항상 똑같다.

사무실이 분주하면 그날은 계약도 많고 출고도 많은 날이다. 일을 하려면 움직일 수밖에 없기 때문이다. 그런데 절간처럼 조용한 날이면 어김없이 영업은 형편없는 날이 많다. 오랜 세월 근무해 오면서 터득한 직감이다. 직원들이 출근해 있는데 너무 조용하면 이

나는 매일 새 차를 탄다

다양한 백색 소음이 편안함을 느끼게 해 주는 사무실

상하다. 뭔가 잘못되고 있는 거다.

그래서 이런 나쁜 직감을 깨트려 보고자 나름 여러 방법을 시도해 본다. 일부러 기분 좋은 양 사무실을 돌아다니며 직원들에게 말을 건다. 잘되는 식당에 가 보라. 모두가 다 떠들썩하다. 시끄럽고 분주해야 일하는 것 같고 활기가 도는 느낌을 받는다. 사무실이 너무 조용하면 내가 돌아다니면서 일부러 목청을 키운다.

"이 부장님, 어제 출고한 김 사장님 차는 올라왔어요? 급하다더니."

물어보지 않아도 될 말을 일부러 멀리서 크게 말하는 것이다. 원래 조용하면 더 목소리를 줄이게 되어 있다. 이런 조용함이 지속되면 고객한테 전화가 와도 목소리를 제대로 못 내고 책상 아래로 기어 들어가 전화를 받게 된다.

이래 가지고야 무슨 고객과 상담이 되겠나. 그래서 조용하면 일부러 더 큰 소리로 떠든다. 그제야 직원들이 잡담도 좀 크게 하고 그런 백색 소음 덕분에 고객과의 통화도 눈치 안 보고 크게 말할 수 있는 것이다.

지점장은 매일 지점의 분위기를 만들어 가야 할 필요가 있다. 이렇게 해야 전화받는 직원들이 사무실 바깥으로 나가서 받는 일이 없어진다. 이마저도 안 되면 조금 볼륨을 높여서 라디오나 음악을 켠다. 기분도 좋아지고 독서실 같은 조용함을 밀어낼 수가 있다. 이렇게 분주하게 사무실에서 나는 소리도 백색 소음인지 알 수는 없지만 내가 그렇단 말이다.

아이러니하게도 긴장하거나 스트레스를 받을 때는 이런 소음은 오히려 마음에 안정을 주는 것 같기도 하다. 사무실의 일상적인 잔잔한 소음에 더하여 창 너머 들려오는 자동차 소리도 편안함을 주어 짧은 보고서 쓰기도 좋다. 오늘 하루도 이런 소음들 속에서 하루를 계획해 본다.

나는 매일 새 차를 탄다

카마스터의 길

입사한 지 몇 달도 되지 않은 아주 햇병아리 신입 사원 시절이었다. 하루는 낡은 작업복을 입은 사람이 거칠게 사무실 문을 열고 들어왔다. 한눈에도 분위기가 심상치 않아 보였다.

"○○○ 나와. 어디 갔어."

나는 분위기에 압도되어 겁먹은 상태로 인사도 못하고 도망도 못 간 채 엉거주춤하게 앉아 있었다. 다른 선배가 나오고 지점장님이 나오셔서 난리 치는 그분을 진정시키느라 진땀을 뺐다.

내용인즉, 수고비까지 줬는데도 제때 차를 출고해 주지 않는다는 거였다. 벌써 몇 번째인지 모른다며 또 욕을 퍼부었다. 다행히 그 자리에 선배가 없었는데 만약 있었다면 무슨 일이 나도 큰일이 났을 것이다. 그 고객은 최대한 출고 일정을 배려하겠다는 다짐과 사과를 받고 나서야 나갔다.

그런데 그때가 처음이 아니라 얼마 전에도 그 선배에게 비슷한 일이 발생했었다. 고객이 사무실에 찾아와 하도 난리를 피우니 모든 직원이 자연스레 선배의 일하는 방식에 문제가 있었음을 짐작할 수 있었다.

얼마 지나지 않아 그 선배는 말도 없이 회사를 그만두었다. 송별식도 못 했다. 그런데 회사를 그만두었는데도 가끔씩 고객들이 찾아와 무언가 항의하곤 했다. 그럴 때마다 지점장님은 한참 동안이나 상황 설명을 하고 미안하다며 사과했다.

서울 올림픽을 전후해서 전국적으로 마이카(My car) 붐이 일었다. 대부분 난생 처음 차를 샀으며, 차를 사는 자체가 행복이었다. 너도나도 차를 사려고 줄 섰고, 전시장은 고객들로 문전성시를 이루었다. 서비스란 개념이 거의 없을 때라 차를 빨리 출고시켜 주기만 해도 고마워했다. 하루라도 빨리 차를 받는 것이 그들에게는 큰 자랑이었다. 그러다 보니 소위 말하는 '백(Back)'을 동원하는데, '백'이 없으면 직원에게 수고비를 얹어 주면서까지 차를 빨리 받고 싶어 했다. 지금은 상상도 못 할 일이지만 그때는 그랬다. 그랬던 그들은 세월의 변화에 적응하지 못하고 영업 현장에서 사라져 갔다.

지금 생각하면 회사 생활을 하면서 올바른 영업 활동을 할 수 있도록 영업인의 자세나 인성에 대한 체계적인 교육이 부족했던 게 아닌가 생각된다. 견적서나 계약서를 작성할 줄 아는 정도의 교육만 받고 판매 일선에 나선 신입 사원은, 그저 가격과 납기일만 가지고 팔기에 급급했을 뿐 고객의 입장을 고려해야 한다는 것은 상상조차 하지 못했다. 고객을 협상의 대상이 아니라 극복의 대상으로 봤기 때문이다.

이제는 구둣발이 닳도록 뛰어다녀 없는 수요도 만들어 내라는 무모한 투혼만으로는 영업의 효과를 낼 수 없는 시대이다. 게다가 자동차는 자주 바꿀 수 있는 물건이 아니기 때문에 지인에 의한 판매는 한계가 있다. 더구나 요즘은 코로나19로 인해 무작정 고객을 만나러 나가기도 쉽지가 않다. 많은 고객을 만나야 하는 카마스터에겐 상황이 더 어렵게 된 것이다.

하지만 이럴 때일수록 타깃을 구체화하고 성공률을 높이는 자신만의 영업 방법을 찾는 게 현명하다. 카마스터로 살아가는 길은 '무작정 열심히'가 아니라 '제대로' 해야 한다는 단순한 진리이다.

사람들이 예전엔 자동차 영업은 아무나 할 수 있는 일이라고 생각한 적도 있다. 인간관계로만 차를 팔던 시절이었기 때문에 가능한 일이었다. 적당히 아는 곳에 방문하여 우리 차를 사 달라고 외치던 시절이었다. 하지만 요즘은 아니다. 요즘의 자동차 영업 시장은 갈수록 복잡하게 변해져가고 있다. 고객 구매 성향에 대한 지식과 구매를 유도하기 위한 다양한 방법을 연구하는 등 다른 어떤 직종보다 전문적인 지식과 능력을 필요로 하고 있다.

사람을 상대하는 업무인 만큼 카마스터에게는 좋은 인간관계가 중요한 건 당연하다. 같은 조건이면 아는 사람, 친한 사람에게 차를 사게 되기 때문이다. 그러나 요즘같이 치열한 경쟁이 일어나는 자동차 판매 시장에서 깊지 않은 인간관계 때문에 손해를 보려고 하는 고객은 없다.

의사는 병을 치료하는 의술로 환자를 만족시킨다. 아무리 인간성이 좋고 환자와 인간관계가 좋아도 병을 못 고치면 의사로서 가치가 없다. 환자는 인간성이 좀 못하더라도 의술이 좋은 다른 의사를 찾아갈 것이다. 영업에서도 마찬가지다. 카마스터는 자동차와 관리 서비스를 통해서 고객 만족을 시켜야 한다. 다른 방식으로 고객 만족을 찾다가는 잠시 머물던 고객도 떠나고 나도 파멸에 이르게 한다. 인간관계도 중요하지만 이제는 체계적인 영업 방법과 과학적인 영업 방법이 더 긴요하게 다가오는 순간이다.

　내가 고객에게 차를 파는 것으로 인해 고객이 유익함을 얻는다면 내가 하는 일은 옳은 일임에 틀림이 없다. 어떻게든 차를 많이 팔아 목표를 달성하는 사람이 회사에서는 능력 있다고 평가받을 수도 있다. 하지만 이것도 방법이 올바르지 않으면 빛이 바랜다. 자신의 생존에 치명적일 수도 있다. 정신은 행동을 지배하고 행동은 운을 지배한다고 했다. 바른 정신만이 바른 행동을 하게 하며 운도 따르게 한다.

1987년식 프레스토와 첫아들

나는 매일 새 차를 탄다

Chapter 2

새 차가
주는 것들

소중한
이름

얼마 전 집안일로 시골에 내려간 적이 있다. 마침 점심시간이기에 예전에 들른 적이 있는 시장 안의 조그만 낡은 보리밥 집으로 갔다. 한 그릇 맛있게 잘 먹고 나오는데 노신사 한 분이 저만큼에서 걸어온다. 더워서인지 넥타이도 적당히 늘여 놓고 양복저고리는 어깨에 둘러맸다. 얼핏 봐도 한 잔 걸친 것 같아 보였다. 한적한 시골장터 분위기와 딱 맞는 한가로움과 느긋함이 풍겼다.

그런데 낯이 익다. 가만히 보니 오랜 시간이 흘렀음에도 한눈에 알아볼 수 있었다. 반가운 마음이 앞서 망설일 필요도 없었다. 얼른 뛰어나가 인사했다.

"안녕하십니까, 김한섭 선배님. 기억하시겠습니까? 현대자동차에 근무하는 김세진입니다."

그 노신사는 나를 잠시 보더니 이내 말했다.

"어? 이게 누구야 세지이 아냐? 세지이."

나는 매일 새 차를 탄다

그러고는 손을 크게 올리면서 큰 소리로 불렀다. 내 이름이 이렇게 불렸던 게 언제이던가. 피식 웃음이 나왔다. 우리 시골에서는 니은 발음을 잘 안 하고 앞 말을 길게 발음한다. 그래서 친구들을 '진그이(진근), 상고이(상곤), 성규이(성균)' 이렇게 부른다.

"맞습니다. 아이고 선배님, 잘 계셨습니까? 별고 없으시지요?"

너무 반가워서 선배님 양손을 한참 붙잡고 있었다.

"그래, 산소에 갔다가 한잔하고 오는 길이야. 야, 근데 이게 얼마만인가? 아직 근무하나?"

신입 사원 시절에 도움을 많이 주시던 고등학교 선배님이시다. 돌아보니 족히 30년은 넘은 것 같다. 어휴, 나에게도 이렇게 긴 시간이 있었구나. 그럼에도 불구하고 나는 첫눈에 선배님 이름이 생각났고, 선배님도 단번에 내 이름을 크게 불러 주셨다.

나도 이제 정년퇴직을 앞두고 있을 만큼 나이가 들었지만 선배님 눈에는 늘 까마득한 후배로 보이시나 보다. 옛날에 부르시던 것처럼 내 이름을 불러 주시니 선배님을 쫓아다니던 그 시절로 돌아간 것 같다. 이름은 이렇게 포근하고 정감 있게 다가왔다. 선배님을 만나 삼십 년 전 시간에서 한참 동안이나 멈춰 서 있었다. 고향에서 뜻하지 않은 아주 오랜 추억의 시간을 만났다.

자동차를 팔면서 고객의 이름을 잘 기억하는 것도 훌륭한 성공의 한 비결이다. 내가 만난 고객의 이름을 잘 기억하고 잘 불러 주는 게 영업의 기본이라면 기본이다. 그건, 고객이 자신에게 의미 있는 소중한 존재로서, 그 가치를 만들어 간다고도 할 수 있다. 또 중요한 사실은 고객의 이름을 불러줌으로써 그때부터 서로의 관계가 서서히 만들어지기 시작한다는 것이다.

서로가 상대를 이해해 줄 여지가 생기기 시작하는 단계다. 마음이 드나들 수 있는 통로가 생겼다는 것은 간혹 상대방에게서 받을 수 있는 작은 실수는 충분히 이해하고 넘어갈 수가 있는 것과 같다. 하기야 이런 실수는 서로가 아예 만들지 않는 것이 제일 좋지만 말이다. 자신과 정말 친한 사람에게 부담될 만한 서비스를 요구하는 고객은 드물다.

고객의 이름을 기억하는 노력을 하자. 대부분의 고객들은 자신에게 관심을 갖는 사람들에 대해 호의적으로 생각한다. 고객에 대한 존경과 관심을 나타내면서 이름을 기억하는 것은 나의 충성 고객 만들기의 최우선 조건이라 할 수 있다.

자동차 판매 후 과도한 서비스 요구로 고객과 등지는 안타까운 경우가 종종 있다. 예방 차원에서도 내 고객을 보호하는 차원에서도 고객을 만날 때마다 이름을 불러 보자. 다만 우리 정서상 상사나 고객의 이름을 잘 부르지 않기 때문에 "김 사장님", "이 부장님", "박 상무님"이라고 호칭하면 별 무리가 없을 거라 생각된다. 약속한 고객을 만날 때 그냥 "안녕하십니까."라고 인사하는 것보다는 "동훈 씨, 반갑습니다."라든가 "김 사장님, 어서 오십시오."라고 인사하면 더 친근감을 느낄 수 있을 것 같다.

사실 나도 만나는 사람이 많다 보니 얼굴과 이름이 잘 연결 안 되는 수가 있다. 그러다 보니 "김철수 부장님" 이렇게 부르지를 못하고 그냥 "부장님" 하고 얼버무릴 때가 종종 있다. 이럴 때 상대방이 정확히 내 이름을 불러 주면 어쩔 줄 모르겠다. 차라리 그도 내 이름을 기억하지 못했으면 좋으련만.

카네기 인간관계 30가지 원칙 중 여섯 번째에 다음과 같은 말이 있다.

"당사자에게는 자신의 이름이 그 어떤 것보다도 기분 좋고 중요한 말이다."

그래서 군중 속에서도 자신의 이름을 부르는 소리는 정확히 들리나 보다. 상대방의 이름은 그에게 있어서 모든 말 중에서 가장 달콤하고 중요한 말로 들린다.

현대자동차 지점장의 이름표

틀일 패,
버릴 패

"지점장님, 잠시 드릴 말씀이 있습니다."

"아 네, 어서 오세요. 여기 앉으세요."

몇 년 전 근무한 지점에서였다. 오랜만에 C 카마스터가 할 말이 있다며 조심스레 문을 두드렸다. 평소 말수가 적은 C는 자신의 일만 묵묵히 하는 성실한 사람이다. 같이 커피 한잔하면서 잠시 이런저런 얘기를 하다가 업무 얘기가 시작되었다.

"제가 관리해 오던 유통 업체 A사가 있습니다. 자회사가 전국에 퍼져 있어 매년 자동차를 적잖이 구입하는데 이번에는 우리 차를 선택할 확률이 높습니다. 그동안에도 견적서를 매번 제출했지만 번번이 경쟁사에게 빼앗겼거든요. 그런데 이번에는 저희 차를 구매할 것 같습니다. 우리 친환경 차의 경쟁력도 크게 한몫했고요."

"아이쿠, 잘됐네. 애 썼어요."

나는 매일 새 차를 탄다

"이십여 년 가까이 관리해 온 업체인데 언제부턴가 계속 경쟁사 차를 구입하더라고요. 담당자 말로는 결정권자가 바뀌어서 그렇다고 하는데 기분이 몹시 안 좋았습니다. 그렇지만 도저히 이대로 물러설 수가 없어 우리 차를 구입하지 않아도 꾸준히 연락하고 그 담당자가 바뀌어도 계속 연락을 해 오고 있었는데 이번 인사 때 전에 담당하시던 그분이 다시 차량 구매 부서로 왔습니다. 승진해 가지고요."

그간에는 선택권이 없어 늘 미안해했는데 이제는 선택을 할 수 있는 책임자가 되어 오랫동안 성실하게 방문해 준 C에게 우리 차 구입 의사를 타진해 온 것이다.

기쁜 소식이었다. 무엇보다 카마스터로서 결과에 상관없이 성실하게 일을 해 나간 C의 노력이 마침내 빛을 발한 것 같아 뿌듯했다.

"조만간 그 회사 본부장님을 만나기로 했는데 시간 좀 내 주십시오. 저 혼자 가도 되지만 그래도 지점장님과 같이 가면 좀 더 든든할 것 같습니다."

사실 지점장이 가든 안 가든 큰 변수는 없겠으나, 그래도 예의상 지점 책임자가 인사를 가는 것은 여러모로 도움이 될 듯하여 나도 선뜻 나섰다.

"이를 말인가. 만사 제쳐 놓고 가야지. 하루빨리 약속 잡아 갑시다."

몇 가지 자료와 판촉물을 조금 챙겨서 같이 방문을 했다. C가 관리해 온 업체는 큰 회사라 매년 차를 사는데 몇 년 전부터 마지막 결정 단계에서 매번 경쟁사에게 패했다. C는 한두 번도 아니고 십여 년을 패하다 보니 힘도 꺾이고 포기할까 생각도 많이 했지만 그래도 한 번만 더, 한 해만 더 하는 심정으로 계속해서 연락을 해 온게 오늘 이런 좋은 결과를 가져왔다고 좋아했다. 어린아이처럼 해맑게 좋아하는 C의 모습을 보니 왠지 마음이 뭉클했다.

"십 년이나 우리 차를 사지도 않는 업체 관리를 해 왔다면 그간 고생이 심했겠어요. 비용도 많이 들었을 거고…."

"아닙니다. 생각보다 그렇게 비용이 많이 드는 건 아닙니다. 정기적으로 안부 문자 보내고 신차 나올 때 카탈로그와 가격표 보내드리는 게 다였습니다. 아직도 제가 고객과의 끈을 놓고 있지 않다는 것을 계속해서 확인시켜 드릴 필요가 있거든요. 경쟁사에게 빼앗기더라도 실망 않고 다음엔 꼭 우리 차를 선택해 달라는 메시지를 보냈습니다. 전화는 서로 부담되니까요."

자동차 판매는 어떤 품목보다도 길게 보고 고객을 대하는 직업이다. 기본적으로 5년 이상이 되어야 차를 바꾸기 때문이다. 그러다 보니 처음 자동차 영업하는 사람들이 뿌리 내리기가 아주 어려워 도중에 그만두는 경우가 많다. 반면에 어느 정도 탄력이 붙으면 좀처럼 실적이 줄지 않는 게 자동차 영업의 특성이다. 물론 끊임없는 노력이 있어야 함은 물론이다.

자동차 판매에 있어서 가장 중요한 게 고객 관리다. 그것도 지속적인 고객 관리다. 꺼진 불도 다시 본다는 심정으로 고객 관리를 해야 한다. 누구나 처음에는 열정적으로 문자도 하고 DM도 보낸다. 그러다가 2, 3년이 지나면 슬슬 연락이 뜸하다가 더 시간이 지나

나는 매일 새 차를 탄다

면 아예 연락을 끊고 만다. 바쁘다고, 연락을 해도 효과가 없다고 핑계를 대지만 게으름이 더 크다.

고객 본인이 차를 사지 않아도 주위 친구가 살 수도 있고 자녀들이 살 수도 있다. 요즘은 신규로 자동차를 사는 사람보다 교체를 하거나 한 대 더 사는 사람이 90퍼센트 이상이다. 고객 관리가 뒷받침되어야 최소한의 현상 유지를 할 수 있다. 더 나아가 판매량을 늘릴 수 있는 기회도 얻을 수 있다. 새로운 고객을 찾는 것도 중요하지만 내가 판매한 고객을 놓치지 않고 다시 나를 찾을 수 있도록 하는 것이 나를 최고의 판매왕으로 만드는 길이다.

우리는 보통 기회를 달라고 한다. 기회는 다른 사람이 베풀어 주는 것이 아니라 내가 찾고 만드는 것이다. '이것이 기회다.'라고 확신할 수 있는 사람만이 기회를 얻는다. "마음에 없으면 보아도 보이지 않는다.'는 말처럼 애당초 관심이 없으면 곁에 있어도 보이지 않는 법이다

이 세상에는 기회가 널려 있으나 어떤 것이 기회인지 판단하는 능력이 부족할 뿐이다. 기회는 어느 정도 시간을 투자하고 위험을 감수하면서 내 것으로 만들기 위한 도전을 통해서 얻는다. 바로 고객과의 만남이 그것이다. 고객을 경험하고 관찰하는 것이다. 기회는 결국 자기 자신의 안목이다. 참을성을 가지고 끊임없이 노력을 했을 때에만 비로소 생기는 것이다. 하지만 이런 기회는 우리가 망설일 시간을 주지 않는다. 재빨리 알아차리는 사람만이 번개같이 기회를 잡는다고 한다.

C는 A업체와 십여 년 동안이나 인연이 없어 업체를 버릴까도 생각했었지만 꾸준한 관리로 버릴 패가 아닌 빛나는 들일 패를 만들었다. 들일 패와 버릴 패도 따로 있는 것이 아니라 결국은 스스로 만들어 가는 것이다.

도시를 가장 잘 이해하는 전기차의 기준, 아이오닉 전기차

나는 매일 새 차를 탄다

마중지봉(麻中之蓬)

시장을 둘러보다가 백화점에 가면 모든 게 달라 보인다. 시장에서는 작은 물건 값도 깎다가 훨씬 비싼 백화점에서는 이쯤이야 하는 마음으로 당당하게 카드를 내민다. 주변 환경 때문인지 사람들 때문인지는 잘 모르겠지만 장소에 따라, 내가 있는 곳에 따라 행동이 분명히 달라진다.

"안 됩니다. 저는 못 갑니다. 그 팀의 H와 사이가 별로 안 좋아 그냥 이 팀에 있는 게 좋습니다. 그냥 있게 해 주십시오."

"왜 그래? 1팀원 분위기가 다른 팀과 다른 건 알지? 그래서 일부러 내가 고려한 것인데."

"물론 알고 있습니다. 챙겨 주셔서 고맙습니다. 저도 그런 분위기가 좋습니다. 그렇지만 H와는 따로 있는 게 좋습니다."

팀 개편한 지가 오래되어 적당한 시기에 팀 구성원을 바꾸려고 계획하고 있었다. 너무 오래 한 팀원으로 있으면 친근해서 좋은 면도 있지만 팀원끼리 너무 편한 관계가 되어 업무의 긴장감이 떨어진다. 그래서 분위기 쇄신도 할 겸 또 팀원의 적절한 재배치가 필요할 때가 되었다고 생각하여 재배치를 추진하기로 한 것이었다.

특히 우리 지점의 막내 사원인 Y는 타고난 부지런함에 언제나 나보다 먼저 출근하는 직원이었다. 나와도 여러 번 판촉을 같이 나갔는데 지겹다거나 싫어하는 기색이 없이 잘 다녔다. 그런데 실적이 늘 아쉬웠다. 부지런함의 재능에 비해 실적이 따라주질 못했다.

그래서 이번 팀 개편 때 일하는 분위기가 제일 좋은 1팀으로 옮겨 업무에 활력을 넣고자 했던 것인데 하도 완곡하게 사정하는 바람에 할 수 없이 Y는 그대로 두고 대신 P를 1팀으로 보냈다.

P역시 Y와 비슷한 실적을 내고 있는 직원이었다. 같은 사무실에 근무하면서도 팀이 다르면 서로의 친근감이 덜하다. 각 팀마다 고유의 특색이 있다. 마냥 같이 어울리는 팀이 있는가 하면 그 반대도 있다. 팀 개편이 이루어지고 나자 P가 나를 찾아왔다.

"저를 왜 1팀으로 보냈습니까? 혹시 제가 미워서 보낸 건 아닙니까?"

다소 원망이 섞인 듯한 말투에 깜짝 놀랐다.

"아니, 그게 무슨 소리요? 내가 왜 P를 미워합니까. 오히려 생각해서 보낸 건데."

"그렇지만 이해가 잘 안 됩니다. S팀장과 저는 한 번도 같은 팀을 한 적이 없어서 어색합니다."

P의 얼굴을 보니 좀처럼 불만이 수그러들 것 같지 않았다. 오해도 풀 겸 앉아서 커피 한 잔 마시며 차근차근 설명했다.

"자, 1팀의 분위기는 잘 알고 있지요? 1팀원들은 하나같이 제 몫

나는 매일 새 차를 탄다

이상을 하는 사람들입니다. 개개인이 뛰어나서 그런 것도 있겠지만 자세히 살펴보면 모두 그 팀원으로 합류되고 나서부터 실적이 오른 겁니다. 이 부분은 P도 인정하지요?"

"네, 맞습니다."

"바로 그 이유입니다. 이제 P도 어느 정도 회사 생활을 한 사람인데 이젠 실적도 스스로 챙길 수 있을 정도가 되었다고 생각합니다. 그러니까 이번에는 1팀에서 한번 일해 보세요. 여태까지 내가 보아 온 성향으로 봐서 아주 잘 어울릴 수 있을 거라 확신합니다. 나도 기대하고 있습니다. 나의 결정이 틀리지 않았다는 걸 우리 P가 확신시켜 주기 바랍니다."

그랬다. 사람이 하루아침에 바뀌는 건 아니다. P는 1팀에 가서도 큰 변화 없이 평상시와 똑같았다. 한번은 본사 주관 팀 캠페인이 있었는데 당연히 1팀이 일등을 했다. 자신은 팀에 대한 기여도가 낮았지만 나머지 팀원들이 힘을 합쳐 악착같이 판매를 했기 때문이었다. P는 스스로 미안해했다. 1팀은 누구를 탓하거나 책망하지 않고 서로를 격려하며 여전히 같은 팀원으로 대해 줬기 때문이다.

1팀은 팀 회의 분위기가 다르다. S팀장 주도하에 팀 미팅을 자주 하는데 미팅이라는 게 단순히 공문 전달하는 게 아니라, 팀원들이 각자 일하다가 생긴 고객 불만이나 고객 상담을 하다가 생긴 어려움 등의 해결 방법을 논의하는 자리였다.

1팀원의 카톡 방이 있는데 자동차 정비나 부품 문제 같은 것을 사진을 찍어 올려 팀원 모두가 쉽게 알 수 있도록 공유했다. 예를

이름마저 아름다운 팀 단톡방

들면 어떤 부품은 어디가 싸고, 어떤 정비 공장은 누구를 찾아가면 고객에게 알아듣기 쉽게 설명을 잘해 주고, 이런 자동차 법규가 새로 나왔다든지 하는 것들이었다. 여기에 다른 팀원들이 각자의 의견을 올리는 수도 있고 또 모여서 자신의 경험을 얘기도 한다. 이렇게 운영을 하니 쓸데없는 얘기가 올라올 시간이 없다. 고객을 만나면 늘 일어날 수 있는 문제들을 먼저 겪은 팀원들이 대처 방법까지 상세히 올려놓으니 나머지 팀원들은 일하기가 아주 편했다. 팀 미팅 장소도 딱딱한 사무실을 떠나 카페나 식당을 이용하니 재미도 있고 자유로운 의견도 더 잘 나왔다. 현장에서 실제적으로 일어나는 일인 데다 각자에게 꼭 필요한 사항이다 보니 집중도 잘되었다.

물론 매번 업무 얘기만 하여 지겹거나 따분하게 하는 건 아니다. 휴식 시간일 수도 있고 개인적인 얘기를 할 수도 있다. 그렇지만 큰 틀에서 팀 미팅의 방향이 정해져 있고 이에 팀원들이 따른다는 것이다. 그리고 이 방법이 업무에 도움을 줘서 효과를 보고 있는 것이다.

결과적으로 Y의 성과는 그대로 변함이 없었고, P는 서너 달이 지나자 조금씩 실적 향상이 되었다. 팀원들과 어울리는 것만으로도 업무에 도움이 되었다. 그리고 무엇보다도 팀원들이 열심히 일하는데 자신도 무언가 보탬이 되어야 한다는 생각이 들었을 것이다. 근본적인 생각이야 변함이 없겠지만 환경이 다르면 행동이 달라지는 일은 오히려 자연스러웠다. 환경이 수시로 사람의 생각을 바꾸기 때문이다.

가끔은 그 사람의 성격이 변했을까 생각하지만 아니다. 주변 환경이 바뀌니 보이는 게 달라지고 그에 따른 행동이 다르게 보일 뿐이다. 만약 내가 팀원의 행동을 바꾸려 한다면 그의 외적인 환경을 바꾸어 줄 필요가 있다. 그래야 조금이라도 내가 원하는 행동으로 변화시킬 수가 있다.

'마중지봉(麻中之蓬)'이라는 말이 있다. '삼밭에 나는 쑥'이라는 뜻으로, 구부러진 쑥도 삼밭에 나면 저절로 꼿꼿하게 자라듯이 좋은 환경에 있거나 좋은 벗과 사귀면 자연히 주위의 감화를 받아서 선인(善人)이 됨을 비유해 이르는 말이다.

우수한 사람들이 모여 우수한 팀이 되는 것이 아니라 평범한 사람을 어떻게 운영하느냐에 따라 우수 팀이 생겨나는 것이다. 서는 데가 다르면 보는 풍경도 달라진다고 했다. 내가 철석같이 믿고 하는 말이다. 그래서 사람들은 우수 집단에 들어가려고 그리 애를 쓰는가 보다.

새 차, 중고차

동창에게서 전화가 왔다. 딸아이가 회사를 옮겼는데 교통편이 불편하단다. 출퇴근할 차가 필요한데 면허만 땄지 차에 대해 전혀 몰라 걱정하고 있으니 처음에는 중고차가 더 편하지 않겠느냐며 운전 연습 좀 해서 익숙해지면 새 차를 사려고 하니, 적당한 중고차 하나 있으면 소개 좀 해 달라고 했다.

사실 이런 전화는 친구뿐 아니라 다른 사람들에게서도 종종 받는다. 차를 처음 가지는 초보 운전자는 중고차로 시작하는 게 낫지 않느냐고.

"그럼 중고차를 가지고는 아무렇게나 운전해서 긁거나 부딪쳐도 된다는 말인가?"

"그건 아니지만 새 차를 긁으면 기분이 더 상하잖아."

"세 살 버릇 여든 간다고 자동차는 처음부터 살살 조심해서 운전하는 습관을 들여야 나중에도 사고 없이 잘 타지, 긁혀도 괜찮다는

나는 매일 새 차를 탄다

생각으로 아무렇게나 운전하면 나중엔 더 큰 사고를 부를 수 있어. 평생 가는 운전 습관은 내 첫 차에서 결정이 돼. 큰 사고는 모두 중고차로 운전을 시작한 사람들이야(이건 뻥이다)."

미숙한 운전으로 사고가 나면 누군가의 생명과 재산을 앗아갈 수도 있다.

"새 차는 비용도 만만찮은데 깨끗한 중고차도 괜찮지 않을까?"

"중고차는 사소한 돈이 더 많이 들어. 소중한 내 딸에게 헌 옷을 입혀 결혼시키면 자네 마음이 어떻겠나. 새 차를 타는 사람이 늘 새 차를 타고 중고차를 타는 사람은 평생 중고차만 타다가 마는 거야."

"아이고, 모르겠다. 일단 자네한테 보낼 테니 알아서 잘 설득해 보게."

얼마 후 동창 딸아이가 지점을 방문했다. 어릴 때 보고 못 봤는데 예쁘게 잘 컸다. 한참 동안 옛날이야기를 하고 나서 요즘 젊은 이에 맞는 적당한 차를 권했다. 할부금도 부담 없는 선에서 낼 수 있어 만족해했다. 며칠 후 새 차를 받고는 얼마나 좋아하는지, 고맙다는 인사를 수없이 했다.

적정 가격을 지불하고 내 맘에 드는 깨끗한 새 차를 구입할까, 아니면 경제적인 부담은 조금 덜하지만 꺼림칙한 중고차를 구입할까. 여러 가지 고려할 만한 변수가 있지만 한 가지만 비교해 보면 된다. 중고차를 구입하는 것이 절약이라고 생각하는 사람들이 많다. 단순히 비용만 보면 당연히 그렇다. 그렇지만 차를 보유하는 동안 지출하게 되는 수리 비용과 시간 비용 등을 포함하면 반드시 그렇지도 않다.

새 차든 중고차든 고장이 없는 차는 없다. 중고차는 새 차보다 분명 고장이 잦다. 차를 스스로 수리할 줄 아는 사람이 아니라면 신중하게 생각해야 한다. 정비 공장에 한 번이라도 들어가면 생각보다 많은 수리 비용은 물론이거니와 시간도 예상 외로 많이 든다. 이가 아파 치과에 가면 의외로 치료비가 많이 드는 것과 마찬가지다. 그리고 평일에도 맘대로 시간을 낼 수 있는 사람이라면 몰라도 그렇지 않다면 중고차는 포기하는 게 좋다. 기다리다가 괜히 사람 성질만 더러워진다. 기름 넣고 운전만 할 줄 아는 사람도 중고차는 쳐다보지도 않는 게 좋다. 쓸데없이 카센터 사람들과 친하게 될 수도 있다. 새 차는 적어도 몇 년간은 수리비가 들 일이 거의 없다. 드라이브만 즐기면 된다.

차를 샀다 하면 새 차나 중고차나 기본적으로 차 밑에 드는 돈은 비슷하다. 매달 규칙적인 지출로 맘 편하게 새 차를 탈 것인가, 아니면 예상치 못한 불규칙적인 지출로 싼 것 같으면서도 제값 다 내는 중고차를 탈 것인가는 구매자의 선택에 달렸다.

중고차 시장에는 다양한 상태의 차량들이 섞여 있다. 침수 차량이나 큰 사고로 인해 안전성이 취약해 외관과 달리 제값을 받을 수 없는 차들도 있다. 이런 상태를 소비자는 잘 알지 못한다. '역선택'이란 말이 있다. 어떤 상품에 대해 판매자는 정확한 정보를 갖고 있는 반면에 구매자는 정보량이 매우 적기 때문에 비싼 값에 구매하는 잘못된 선택을 한다는 의미다. '정보의 비대칭'이라고도 한다.

나는 매일 새 차를 탄다

이런 역선택이 가장 빈번히 일어나는 곳이 중고차 시장이다. 중고차 딜러들이 신경 쓰는 것은 정비나 수리가 아닌 도색과 광택이다. 성능 검사는 차량을 최고 상태로 만들기가 아니라 당장 문제되는 부분을 감추기 위한 과정이다. 고객들도 중고 차량의 선택 기준이 외관이기 때문에 딜러들은 외관을 번드르르하게 해 놓는다. 이렇게 치장한 중고차 매물은 고객이 정확한 상태를 파악하기 어렵다. 깨끗한 외관에 당장은 문제될 리 없는 상태로 내부 정비까지 해 놓았으니 실제의 가치보다 비싼 값을 불러도 소비자의 입장에서는 쉽게 넘어갈 수밖에 없다. 역선택의 위험을 줄이는 것은 서로 간의 신뢰이며 이는 정보의 균형이 이루어져야 가능한 일이다.

주인에게 인도될 새 차

판매 대수만 본다면 중고차 시장이 신차 시장의 약 두 배 정도 크다. 그러면 누가 새 차를 사고 누가 중고차를 살까? "돈 많으면 새 차, 돈 없으면 중고차"라고 답한다면 그것은 틀렸다. 반드시 돈이 많다고 새 차 사고, 돈이 없다고 중고차를 사지는 않는다. 새 차를 사는 사람이 다음번에도 새 차를 산다. 대체로 새 차 대차 비율이 80%가 넘는다.

"신한은행은 최근 2년간 마이 카 대출을 받은 고객 9만3천여 명의 나이와 대출 시기, 구입한 차종 등을 한데 모은 빅 데이터 분석을 마치고 이를 이용한 맞춤형 고객 관리 프로그램을 개발할 계획이다. (중략) 신차와 중고차 간 선호도가 명확히 갈리는 것도 눈에 띈다. 처음에 새 차를 산 사람이 다음에도 신차를 구입한 비율은 전체의 76%로 중고차(24%)를 압도했다. 반대 사례도 마찬가지로, 첫차를 중고차로 선택한 사람 중 81%가 다음 차도 중고차를 골랐다."

– 매일경제신문 2018. 3. 9.

누구나 처음 차를 몰고 나가면 겁나고 두렵다. 안전한 운전 습관은 내 차를 소중하게 여기는 마음에서부터 자연스럽게 배는 것이다.

나는 매일 새 차를 탄다

오기

우리 지점 관내에 렌터카 업체가 있다. Y 카마스터가 세 달 동안 집중적으로 공략했으나 아직 이렇다 할 실적이 나오지 않았다. 말이 집중공략이지 대표 얼굴 한 번 보지 못하니 제자리걸음이나 다름없었다. 그런데 어느 날 지점 회식을 하는 자리에서 Y보다 선배인 L 카마스터가 술이 취해 빈정대듯 큰 소리로 말했다.

"Y 과장, 요즘 ○○렌터카 회사 방문한다며? 거긴 아무리 가도 안 돼. 그 회사 김 대표가 현대차 팔러 오는 사람들을 별로 안 좋아해. 대표가 그런 식으로 나오니 직원들 누가 우리를 제대로 응대해 주기나 하겠어? 나도 수없이 방문해 봤는데 안 되더라. 힘 빼지 말고 지금이라도 그만둬. 헛수고야."

Y는 잠자코 듣고 있었다.

직설적인 말로 후배 가슴을 후벼 파는 L. 사실 그는 자동차 영업에서 있어서는 인정할 만했다. 강한 의지와 입심이 좋아 웬만한 고객은 놓치지 않으니 이만큼 끈기 있고 능력까지 있는 카마스터도 흔치 않다. 다만 흠이라면 아무 때나 말을 거리낌 없이 한다는 거였다. 그가 안 된다고 하면 정말 안 될 것 같은 느낌이 들었다. 하지만 아무리 술에 취하고, 아무리 선배라도 후배의 의지를 이렇게 무참하게 꺾을 수는 없다.

"그건 아니지요. L 부장이 못했다고 다른 사람도 못하나? 후배에게 힘 좀 실어 줍시다."

다음 날 Y와 일부러 커피 한 잔 할 시간을 만들었다.

"어제 기분 좀 상했지요? L 부장은 괜한 소리를 해 가지고는 말이야."

핀잔하듯이 내뱉었다.

"괜찮습니다. 상관하지 않습니다. 어차피 각오하고 뛰어들었는데 몇 달은 참고 계속해서 방문해 보겠습니다. 뭔가 결판이 나지 않겠습니까."

웃어 보였지만, 적잖이 상처를 받은 것 같은 그의 표정을 읽을 수 있었다. 나도 뭐라고 더 위로해 주고 싶었지만 딱히 해 줄 말도 없었다.

이후에도 나는 Y가 포기하지 않고 지속적으로 판촉할 수 있도록 다양한 판촉 방법을 찾아봤다. 같이 식사도 하고 같이 방문도 했다. 업체를 함께 방문했다가 제대로 상담도 못하고 돌아올 때는 Y의 눈치가 보여 괜스레 더 크게 투덜거렸고 그런 나를 오히려 Y가 달래며 힘을 주었다. 적극적인 판촉을 하면 그래도 몇 대쯤은 팔아야 신이 나는데 이건 서너 달이 되도록 문의조차 오지 않으니 말이다.

그러던 어느 날 Y가 흥분해서 들어왔다.

"지점장님, 됐습니다. 쏘나타 견적 좀 보내 달랍니다."

"와, 해냈구나. 이게 웬일이야?"

나도 기뻐 자리에서 벌떡 일어났다.

"수고했네, Y 과장!"

"지점장님 덕분이지요 뭐. 이제부터 시작입니다. 이 기회 놓치지 않고 계속 이어가겠습니다."

무려 5개월이 지나서야 겨우 견적을 낼 수 있었다. 아직 판매가 된 것도 아니지만 Y는 정말 기뻐했다. 일 년이 지나자 몇 대씩 판매가 이루어지기도 했다.

"사실 그날의 사건이 저를 더 분발하게 만든 것 같습니다. L선배의 날 선 말에 오기가 생겨 한 번이라도 선배를 이겨 보고 싶었거든요. 그간에는 L선배의 영업 능력이 저와 비교할 수도 없을 정도로 워낙 출중하니 제가 더 위축되고 열등감을 많이 느낀 것 같습니다. 그리고 이제는 잘할 수 있을 것 같은 자신감도 생겼습니다. 하하."

성공은 가끔은 작은 열등감 속에서 자라나기도 한다. 늦게 성공한 사람들은 열등감이 많았던 사람들일지도 모른다. 그런 열등감이 오히려 큰 힘을 낼 수 있는 동기가 되어 꾸준한 노력으로 늦게 빛이 난 것뿐이다.

이런 열등감을 이겨 내는 힘은 어디서 나올까. 나는 여러 가지 요인 중에서도 바로 오기와 끈기에서 나온다고 믿는다. 오기와 끈기야말로 열등감을 떨쳐 낼 수 있는 유일한 방법이 아닐까. 가뜩이나 선배의 기에 눌렸던 Y가 그 열등감에 굴복해 버렸다면 평생 그의 자리는 L의 뒤였을 것이다. 하지만 그는 넘치는 오기와 포기하지 않는 끈기로 보란 듯이 열등감을 극복했다. 아직 Y의 실적을 따라잡지는 못했지만 L의 승승장구를 흐뭇하게 지켜보고 있는 중이다.

일상을 바꾸는 경험, 쏘나타

나는 매일 새 차를 탄다

레드오션에
피는 꽃

모처럼 여유 있는 날이다. 코로나19가 기승을 부리지만 휴가철이라 북적이던 시내도 한산하고 차분히 돌아가는 에어컨 소리가 신경 쓰일 만큼 조용하다. 마구잡이로 울어대는 매미 소리만 없다면 스르륵 잠이라도 들 만하다.

늘어진 몸을 일으켜 기지개를 켜다 책장 한쪽에 꽂혀 있는 낡은 책 한 권이 눈에 들어왔다. 바쁘다는 핑계로 앞부분만 넘겨 보다 만 영업 관련 책이다. 다시 펼쳐 몇 장을 읽어 보니 영업이라는 게 또 새로웠다. 수많은 영업 중에서 자동차 영업은 뭘까. 도대체 나는 어쩌다가 자동차 회사에서 30년을 훌쩍 넘겨 근무하다 이제 정년퇴직을 앞두고 있을까.

자동차 판매는 많은 영업 중에서도 단연 돋보이는 영업의 꽃이라

불린다. 여성들이 명품 가방을 좋아하듯 남성들은 자동차를 가장 갖고 싶어 한다. 만졌다 하면 몇천만 원은 기본이다. 그래서 고객들은 차를 사기로 마음도 먹기 전에 검색하고 물어보는 수고를 마다 않는다.

이런 고객을 찾기 위해 카마스터도 눈물겨운 노력을 한다. 지독한 노력을 함에도 불구하고 결과는 천차만별이다. 그래서 자동차 판매 시장은 '레드오션(red ocean)'이라고 한다. 동일한 회사 차를 파는데도 어떤 직원은 한 달에 한 대도 겨우 팔지만 또 누구는 같은 기간에 수십 대씩 판매한다. 이런 차이는 어디서 나올까. 우리 L 카마스터를 보자.

L은 일상이 판촉이다. 판촉이 별거인가. CRM(customer relationship management)에 자세히 분류된 고객을 대상으로 상담, 안내, 전화, 문자, 메일, DM, 가벼운 대화 등등 고객과 연관된 일상이 판촉이다. 가끔씩 불특정 다수를 대상으로 판촉을 할 때도 있다. 이런 판촉 활동은 시합하기 전에 몸을 푸는 준비 운동을 하는 것과 같다. 준비 운동을 충분히 하지 않으면 본 경기에서 부상당할 수도 있다. 판매도 마찬가지다. 이런 기초적인 활동을 하지 않으면 고객을 확보할 수도 만날 수도 없거니와, 운이 좋아 가망 고객을 만난다 해도 본인이 의도하는 상담으로 끌고 갈 수도 없다. 그래서 평상시 고객 만나는 연습을 하는 거다.

L은 지금도 일주일에 한두 번은 잠깐만이라도 반드시 개인 판촉

　　　　　　　　　　　　　나는 매일 새 차를 탄다

을 한다. 사전 준비 운동을 철저히 해 두는 것이다. 고객 사무실이든 식당이든 또는 옆에 있는 사람들까지 모두가 판촉 대상이다. 자신의 이름이 적힌 전단지를 언제 어디서나 놓고 나온다. 오늘도 땀을 흘리며 한 바퀴 돌고 온다. 더운 여름날이라 너무 안쓰러워 그에게 냉커피를 권했다.

"L 부장님, 이렇게 한 달에 몇백 장씩 전단지를 꽂아 놓으면 연락이 옵니까?"

"아니요, 안 옵니다."

당연하다는 듯 바로 되받는다.

"그런데도 이렇게 애쓰시니 힘드시지요."

"네, 맞습니다. 이런다고 차가 팔리는 건 아닙니다. 하지만 고객이 저를 안 찾는다고 저까지 손 놓고 있을 수는 없지 않습니까. 이렇게나마 판촉을 함으로써 제 자신에게 오늘도 열심히 살고 있구나 하는 위로를 보냅니다. 여기에서 저는 힘을 얻습니다. 그런 면에서 저는 충분히 효과를 보고 있다고 생각합니다."

전단지 돌리느라 지쳤을 만도 한데 오히려 의욕이 넘친다.

"그렇지만 너무 힘든 것 같은데…."

"아닙니다. 판매가 잘되지 않으면 판촉을 안 해서 그런 것 같고, 예상치 못했던 고객이 저를 찾으면 오늘처럼 열심히 판촉을 한 덕분이라고 생각합니다. 이런 판촉을 하니까 실제로 영업도 더 잘되고요."

자신감과 기대는 스스로 만들어 가는 거다. 오는 고객에게도 차

다양한 차들이 폼을 잡고 있는 전시장

를 팔지 못하고 힘들게 사는 카마스터도 있지만, 우연히 지나가던 고객이 들어와 차를 사 주는 기분 좋은 날을 맞는 카마스터도 있다. 이런 행운도 열심히 일하는 L 같은 사람에게만 다가온다. 그래서 영업은 참으로 정직하다. 예기치 않은 고객이 나를 찾게 하는 것, 이것이 영업의 맛이다. 차 파는 일에 몰두하고 있으면 거절에 대한 남의 시선이 두렵게 느껴지지 않는다. 차 파는 일에 집중하고 있으니 일이 더 재미있고 더 정열적으로 할 수 있다.

우리가 어렵게 만난 가망 고객을 상담하다 보면 '저 사람에게 어떻게 팔 것인가'를 먼저 생각하게 된다. 이런 생각을 갖고 고객을 대하니 마음이 급하고 초조해진다. 아무리 내 마음을 숨기려 해도 고객이 먼저 눈치챈다. 고객이 경계심과 부담감을 갖고 있으니 상담이 제대로 될 리가 없다. 자기주장만 고집하다 그것도 안 되면 빨리 상담을 끝내려고 한다.

나는 매일 새 차를 탄다

영업의 고수일수록 '고객에게 어떻게 팔 것인가'보다는 '어떤 도움과 감동을 줄 것인가'를 먼저 생각하고 행동한다. 이런 생각과 행동은 어디서 나오는가. 많은 고객을 만나는 본 경험에서 자연적 내 몸에 배게 된다. 고객을 많이 자주 만나 봐야 다양한 고객의 심리를 알 수 있다. 그래서 매일 판촉을 하는 거다.

스피노자는 "두려움은 희망 없이 있을 수 없고 희망은 두려움 없이 있을 수 없다."고 했다. 치열하게 경쟁하는 자동차 판매 시장. 그 거친 땅 레드오션에서도 희망의 꽃은 핀다. 그래서 더욱더 아름답다.

최고의
스승

"지점장님, 이거 해약 좀 해야겠습니다."

아침 조회를 마치자마자 A카마스터가 뒤따라오면서 해약 서류를 내밀었다.

"해약? 어제 계약했는데? 무슨 일이 있어요?"

월말이라 한 대가 아쉬운데 아까웠다. 오죽하면 하루 만에 해약하겠는가 싶어 사인했는데 A가 나갈 생각을 않는다.

"본사에 연락을 했답니다. 전시장에서 계약했는데 카마스터가 고객을 속였다고요."

"속여? 뭘 속여요?"

"제가 납기를 잘못 말씀드렸습니다. 즉시 출고 가능한 차인데 재고가 없다며 다음 주에 드린다고 했거든요. 이번 주에는 제가 좀 바빠서요."

"에이, 그러면 동료한테 부탁하거나 고객 양해를 좀 구하지 그랬어요."

"제가 잘못 생각했었습니다. 제 일 급한 것만 생각하느라 미처 고객 생각을 못했습니다."

"그렇더라도 고객이 어떻게 재고 차가 있는지 바로 알 수가 있나요?"

"다른 곳에 알아본 것 같습니다. 급하다고 했거든요. 그래서 죄송하지만 지점장님이 고객 분에게 전화 좀 해 주셔야겠습니다."

이번 일은 우리 직원이 잘못했다. 사실 특별한 경우가 아니면 자동차 출고를 하루 이틀 밀고 당기는 일은 별 거 아닐 수도 있다. 그러나 이때에도 고객에게 정확하게 공지를 해 주고 나서 결정해야 할 일이다. 평상시 이런 경험이 없어 내 생각만으로 결정을 하니 실적도 잃고 고객도 잃어버린 것이다. 개인도 손해지만 월말을 앞두고 지점도 손해가 크다.

풀이 죽어 있는 A를 데리고 나갔다. 이미 끝난 일을 계속 끌어안고 있으면 뭘 할 것인가. 또 평소에는 차분하고 열심히 일을 하는 직원이라 나무랄 데가 없었다. 이른 점심을 먹고 느긋하게 앉아 커피도 한 잔 마셨다. 나의 신입 사원 시절 고객에게 잘못한 실수담도 얘기하고 업무 처리를 잘못해 지점에 누를 끼친 것도 얘기했다. 나 역시 그런 크고 작은 실수를 겪었기에 다시는 실수하지 않을 수 있었다. 그러자 이번엔 A가 다른 실수한 일에 대해서 늘어놨다. 지나고 보니 실수한 경험도 재미있게 얘기할 수 있는 소재가 되었다. 역시 지점 밖에 나오니 둘 다 생각지도 못했던 얘기가 술술 나오고 찡그렸던 기분도 사그라졌다.

영업은 공부가 아니다. 영업에 필요한 연습과 훈련을 반복해야 한다. 즉, 경험이 필요하다.

스키의 구조를 완벽하게 이해하고 장비 착용 방법과 자세와 내려가는 원리를 속속들이 배웠다 하더라도 직접 타 보지 않으면 배울 수가 없다. 최고의 선수가 알려 주는 유튜브를 수십 번 보고, 스키를 잘 타는 방법을 상세히 알려 주는 책 10권을 읽는다고 스키를 단번에 잘 탈 수 있을까. 스키는 넘어지고 엎어지면서 배운다.

자동차 영업도 이와 다르지 않을 것이다. 책상에 앉아서 배우는 것이 아니라, 배운 대로 직접 고객을 만나서 실패하며 쓴맛을 봐 가면서 배우는 거다. 이 세상 똑같은 상황은 없다. 비슷할 뿐이다. 책에서 배워 익혀도 실제로 고객을 만나면 앞이 캄캄하다. 내가 겪은 일이 아니기 때문이다. 공부는 개울을 건너는 데 도움을 주는 디딤돌이 될지언정 나를 데려다주지는 않는다. 실전을 통해서 내 것으로 만드는 경험들이 있어야 제대로 된 영업을 할 수가 있다.

우리는 방송이나 유튜브 또는 책을 통해 수많은 영업 비법에 대해 고수들의 얘기를 듣는다. 그것도 공짜로 들을 수 있다. 그렇게 자신의 비법을 알려 주는데도 여전히 그들은 잘나가고 우리는 그대로다. 아무리 자세히 알려 줘도 고수들을 따라가지 못하는 이유는 앞서 언급했듯이 영업은 공부가 아니라 경험으로 이루어지기 때문이다. 고수들처럼 되려면 그들에게 배운 대로, 알려 주는 대로 엎어지고 넘어지는 수많은 실전 경험을 쌓아야 한다. 그래야만 비슷하게라도 따라갈 수 있다.

나는 매일 새 차를 탄다

사람이 성장하는 것은 역시 실패를 넘어서는 반복의 경험 덕분이다. 나 또한 오늘을 통해 직원들과의 소중한 경험을 같이 공유할 수 있어 다음 실패에 대비할 수 있는 경험 하나를 더 채울 수 있었다. 직접 경험해 보지 않으면 이룰 수 없는 성취감이다.

최고 1인자만을 위한 자리, G90 리무진

달인

가끔씩 TV에서 〈생활의 달인〉을 본다. '달인'이란 말을 들으면 왠지 나하고는 맞지 않는 딴 세상 사람처럼 느껴진다. 도저히 내가 근접할 수 없는 곳에 사는 사람인 것같이 말이다. 하지만 앞에 '생활'이란 단어가 붙으면 또 달라진다. 우리가 늘 만나는 사람들이 아닌가. 왠지 친근감이 드는 것 같다.

"수고가 많습니다."
"아 네, 나오셨어요?"
어제 퇴근하면서 책상 위에 놓고 온 지갑을 가지러 사무실에 들렀는데 김희순 부장이 활짝 웃으며 반긴다. 고객에게 인도할 차를 닦고 있었다. 오늘은 토요일이다.
"세차 다 해서 가져왔는데 다시 또 닦네요?"
"힘든 거 아닙니다. 그래도 새 차인데 고객님이 받으실 때 깨끗

나는 매일 새 차를 탄다

고객 인도 전 차량을 점검하고 있는 김희순 부장

하면 더 기분이 좋지 않겠습니까?"

새 차를 받을 때 행복해하는 고객 모습을 보면 본인이 더 행복하단다. 자기 차 닦듯이 정성스레 물기를 훔친다. 다 닦은 차에 혹시라도 흠이 없나 다시 한번 꼼꼼히 살펴본다. 거울처럼 반짝이는 차 표면에 활짝 웃는 그의 얼굴이 한층 더 선명하게 비쳐진다.

김 부장은 늘 고객과 함께 있다. 출고된 차는 회사에서 고객이 원하는 곳으로 탁송을 해 주지만 그렇더라도 반드시 고객에게 직접 차를 인도한다. 그래야 안심이 된단다. 고객의 상황에 맞게 자세하게 사용 설명까지 곁들인다. 고객을 대하는 태도가 이미 다른 직원들과는 다르게 섬세하고 용의주도하다. TV에 나오는 달인의 모습과 비슷하다.

"이 차 고객은 여의도에 계신 분인데 저한테 세 번째 차를 사시는 분입니다. 퇴직하신 지도 오래되어 작은 차로 바꾼 겁니다. 사실 제가 고객님 기대만큼 잘해 드리지 못한 것 같은데 그런데도 차 사실 때면 꼭 저를 찾으셔요. 항상 고맙게 생각하고 있습니다."

"아, 지난번에 전시장으로 찾아오신 그 할아버지 말씀인가요?"

김 부장의 칭찬을 많이 하시던 노신사가 기억이 났다.

"네, 맞습니다. 그분입니다."

밝게 웃는 김 부장의 모습이 천진난만한 어린애같이 보인다.

얼마 전, 한 노신사가 조용히 전시장에 들어오셔서 김 부장을 찾았다. 마침 내가 전시장에 있을 때였다. 김 부장에게 연락하니 들어오려면 시간이 좀 걸린다고 하여 노신사를 얼른 자리로 모셔 차 한 잔 권했다.

"우리 김 부장이 일은 잘하지요?" 하고 슬쩍 물었다. "아, 그럼요." 하면서 노신사가 기다렸다는 듯이 칭찬을 늘어놓았다.

"바쁠 텐데 차를 살 때마다 매번 집으로 와서 차근차근 설명도 해 주어 새 차지만 낯설지 않고 익숙하게 운전할 수 있도록 해 줬어요. 그런데 저는 며칠 지나면 잊어버려 또 전화를 하게 됩니다. 그래도 귀찮다 않고 미안할 정도로 아주 친절하게 가르쳐 줍니다. 상담할 때도 내게 꼭 맞는 차를 추천해 줘서 경제적으로 구매를 할 수 있도록 정말 잘해 주었어요. 한 번도 실망시킨 적이 없어요. 너무 고맙지요."

나는 매일 새 차를 탄다

고객은 김 부장 덕분에 차에 대해서는 신경 쓸 게 없이 잘 타 왔다면서 칭찬을 많이 하셨다.

김 부장은 차 한 대 한 대에 고객과의 아름다운 사연을 쌓으며 20년이 넘는 시간 동안 행복하게 일하고 있다. 지금도 여전히 고객 차를 인도할 때마다 몇 번이나 닦고 또 닦는다. 나는 저 마음이 어떤지 이해할 수가 있을 것 같다. 고객을 먼저 생각하지 않으면 절대 나오지 않을 행동이다.

"차 한 대 팔기가 어렵습니다만 팔고 난 뒤가 진짜 시작인 거지요. 진심으로 고객을 대하고 제가 판매한 차는 끝까지 책임진다는 각오로 관리하니 고객도 저를 찾는 것 같습니다."

그의 말에 미소가 지어졌다. 무조건 비싼 차, 좋은 차가 아니라 고객이 어떤 차를 필요로 하는지 상황을 잘 판단하여 그에 맞는 차종을 선택하게 한 결과, 최대의 고객 만족으로 이어진 것이다. 자신의 수고와 노력을 더하여 정성으로 고객을 대하는 그를 보면 진심으로 고객을 위하는 길이 어떤 것인지 알 수가 있다. 아울러 나 역시 진정한 카마스터와 함께 일하는 행운을 누리고 있다. 그는 또 다른 의미의 '생활'의 달인이자 '진심'의 달인이었다.

"작은 일에도 최선을 다하면 정성스럽게 된다. 정성스럽게 되면 겉으로 드러나고…." 이런 말이 있다. 치열한 경쟁 시대를 살아가다 보니 모두가 바쁘고 여유가 없는데 가끔씩 느껴지는 작은 정성과 배려가 가슴 깊이 진한 감동으로 다가오는 경험을 누구나 한 번쯤은 한 적이 있을 거다. 이런 경험들이 쌓이다 보면 이 말이 쉽게 이해가 될 것도 같다.

능력 있는 카마스터들은 고객과의 만남에서부터 작은 정성과 성의를 보인다. 밝은 표정과 친밀한 멘트는 물론 차나 커피를 늘 준비해 놓고 대접한다. 그런 다음 상담에 들어가는데 이 모든 과정이 물 흐르듯 자연스럽다. 돌아갈 때 조그만 판촉물을 나눠 주는 것은 물론이다. 그런데 이런 과정을 거쳐 계약에 이르면 이상하게도 카마스터에게 감사하다는 표현을 한다. 모든 게 순조롭다는 말이다. 고객이 들어올 때 인사 멘트부터 차량 설명 순서 그리고 마지막 결정할 여유를 주며 기다리는 자세까지 고객의 마음을 움직이는 사소한 정성들이 우수한 카마스터들에게서 나타나는 공통된 특징이다. 언뜻 평범할 것 같은 이런 작은 것들이 몸에 배어 의식하지 않아도 행동으로 나타나는 게 달인의 모습이다.

나는 매일 새 차를 탄다

고수

사람은 누구나 새 차를 사고 싶어 한다. 그리고 그 기분을 오래 가져가고자 한다. 차를 산 지 얼마 되지 않았는데 구형이 된다면 차의 잔존 가치가 떨어질 뿐 아니라 새 차를 산 기분도 오래 누리지 못해 기분이 안 좋을 것이다. 기왕이면 조금 더 기다렸다가 신차를 사려고 하고 그리고 그때마다 사람들이 몰리는 현상이 반복된다.

그러면 구형 차는 누가 살 것인가? 아니 누가 팔 것인가? 사자마자 구형이 되는데 살 사람이 있을까. 잘 파는 사람과 못 파는 사람들의 차이가 극명하게 갈리는 순간이다. 개와 늑대의 시간이다. 날이 어둑하면 저 멀리서 다가오는 짐승이 내가 기르는 개인지, 나를 해치러 오는 늑대인지 분간할 수 없어 반겨야 할지, 숨어야 할지 모르는 혼돈의 순간이다. 개와 늑대를 빨리 구별해야 하듯 신형을 권할 것인가, 구형을 권할 것인가 시의적절한 대응이 필요한 시점이다.

하수 카마스터는 고객에게 곧 신차가 나오니 조금만 기다려 달라고 한다. 구체적인 가격도 조건도 모르고 인터넷에 떠도는 소문을 검색해서 알려 준다. 구형을 권하면 나중에 원망을 들을 수도 있고 고객을 잃어버릴 수도 있어 신차를 파는 게 편하다고 생각한다. 고객의 구매를 자꾸 미룬다. 고객은 신차 정보를 얻었으니 나쁠 것이 없다. 좀 더 기다려 보고 결정을 한다. 하지만 그 고객이 몇 달 뒤에도 내 고객으로 계속 남아 있을지는 의문이다.

고수 카마스터는 생각이 다르다. 이때가 기회라고 생각한다. 백화점도 세일을 하면 고객이 몰리고 매출이 올라가지 않는가. 신형 자동차는 신기술과 편의 사항이 조금 더 들어가니 일단 가격이 올라간다. 그리고 할부 금리도 높을 것이며 프로모션도 없다. 그에 비해 구형은 상대적으로 차 가격이 낮을 뿐 아니라 오히려 없던 조건도 만들어서 할인을 많이 한다. 회사에서도 빨리 재고를 팔아 버려야 하기 때문이다. 언제 나올지도 모르는 신차보다 바로 차를 받을 수 있다는 장점도 있다.

고수 카마스터는 이런 상황을 고객에 맞게 잘 설명한다. 렌터카 회사나 일반 회사의 업무용 차량, 또는 급하게 차를 사용해야 하는 사람들, 차를 오래 타는 사람들은 이런 기회를 잘 이용하면 평상시보다 싼 가격에 새 차를 살 수가 있다. 이렇게 해서 고수 카마스터는 내 고객을 더 많이 확보할 수 있고 판매량도 늘릴 수 있다. 또 고객의 다음 대차 주기도 당길 수 있고 경제적으로 차를 구입한 고객은 고수 카마스터를 고맙게 여긴다.

나는 매일 새 차를 탄다

하수 카마스터의 고객은 고객을 잘 설득하는 고수 카마스터를 만나 구형 차로 바꿀 수도 있고, 아예 다른 차종이나 다른 회사 차를 살 수도 있다. 그러면 하수 카마스터는 고객이 변심했다고 서운해 한다. 고객이 변심한 게 아니라 자기가 떨쳐 버린 것이다. 언제까지나 고객이 나를 기다려 줄 것이라 생각하면 큰 착각이다. 고객은 내가 팔았을 때만 내 고객으로서 존재 가치가 있는 것이다. 고수와 하수의 실적 차이는 영원히 좁혀지지 않는다.

자동차가 공장에서 만들어져 고객에게 전달하는 과정에 긁힘이나 파손이 일어나는 사고가 생길 수도 있다.

회사는 차를 완벽하게 수리를 하여 이런 사실을 공지하고 차 값을 할인해 판다. 성능상의 문제가 없기 때문에 안전에도 전혀 문제가 없다. 고객을 속여서 판매하는 것이 아니라 정확한 정보를 주고 선택을 하게끔 하는 것이다. 잘만 산다면 아주 만족할 만한 가격으로 살 수도 있다.

현대자동차의 경우 워낙 차를 많이 만들기 때문에 재고 차나 위와 같은 사고 차를 판촉 차란 이름으로 공지하여 판매를 하는데, 이런 차를 누가 사는가 싶지만 대부분 금방 팔리고 만다. 판촉 차가 나오기를 기다리는 사람도 있다. 자동차에 가치를 만들어 이를 자신에게 부여할 줄 아는 사람들이다.

하수 카마스터는 이런 차는 쳐다보지도 않는다. 고객에게는 항상 신차 또는 완벽한 차만 인도해야 한다는 편중된 생각을 갖고 있기 때문이다. 고객의 다양한 성향을 잘못 파악하고 있다.

고수 카마스터들은 이런 기회를 놓치지 않는다. 다양한 고객을 확보해 놓고 있기 때문에 어떤 차든 팔 수 있다. 의외로 구형 차도 신형 못지않게 고객 만족도가 높다. 새 차에 대한 기대치가 상대적으로 낮기 때문에 상담하는 데 까다롭지도 않다.

어떤 자동차라도 임자는 따로 있다. 다시 생각하면 임자가 따로 있는 것이 아니라, 그 차가 좋고 마음에 들면 임자가 되는 것이다. 비싼 가격에 가치를 둘 것인가, 내가 소유한 자동차 자체에 가치를 둘 것인가는 고객의 몫이다. 소중하게 생각하지 않으면 아무리 귀중한 것도 버려지는 것과 다름이 없다. 고객은 나만 기다려 주지는 않는다. 언제든 변심할 수 있는 게 고객이다. 사고 차든 재고 차든 고객에게 이런 상황을 자주 어필하는 그들이 늘 새 차를 팔 수 있는 고수들이다.

판매장인 등극

나는 매일 새 차를 탄다

흙 속의 진주

　누구나 새로운 지점으로 발령받으면 전임자와는 다른 자신만의 실적을 내기 위해 여러 가지 일을 벌인다. 그중에 속된 말로 사람 하나 잘 키우는 게 가장 큰 보람 있는 성과이기도 하다. 새로 발령받은 이 지점에서 나는 개인택시 판매를 잘할 수 있는 직원 한 명 육성하는 것을 목표로 삼았다.

　솔직히 개인택시는 자동차 영업에서 가장 팔기 힘든 고객 분야에 속한다. 잘해도 본전이 되기 어렵다. 일부러 오지 말라고 막는 것은 아니지만 보통의 끈기와 배짱으로는 접근조차 어렵다. 몇몇 유명한 카마스터만이 판매를 독점하다시피 하고 있는 이유이다. 그렇기 때문에 힘들더라도 제대로 들어가기만 하면 충분한 실적을 채울 수도 있는 황금 시장이기도 하다.

　우리 지점에서는 누가 적임자일까. 그래, Y 카마스터와 함께 일해 보자. 한동안 주시해 보니 그는 다소 까칠한 성격에 자존심이 강했다. 자존심이 강하니 적어도 고객에게 흠 잡힐 일은 하지 않겠다 싶었다. 몇 년 동안 진급에서 누락되어 일에 대한 의욕이 많이 꺾여 있었다. 그러나 이 점은 잘만 활용한다면 아주 강력한 장점으로 바뀔 수도 있는 부분이었다. 다행인 것은 승진을 하려면 차를 많이 팔아야 한다는 것과 이는 다른 사람의 도움이 아니라 스스로 할 수밖에 없다는 것을 본인이 잘 알고 있다는 점이었다.

그래서 이 부분을 집중적으로 공략하기로 했다. 자신 없다고, 싫다고 하는 그를 거의 두어 달을 설득하고 회유했다. 이런 중에도 나는 가끔씩 개인택시 기사들이 모이는 충전소와 미터기 상사 등을 방문하여 차후에 있을 판촉에 대비해 조금씩 고객 얼굴을 익혀 갔다.

"지점장님, 한번 해 보겠습니다. 성공할 수 있을지 잘 모르겠지만 일단 시도는 해 보겠습니다. 후회 없이 6개월은 죽기 살기로 뛰겠습니다. 무엇부터 하면 되겠습니까?"

어느 날 갑자기 그가 실적에는 큰 의미를 두지 않은 듯 그러나 비장한 각오로 말했다. 나도 모르게 덥석 Y의 손을 잡았다.

"그래요, 같이 해 봅시다. 우리는 충분히 해낼 수 있습니다."

같이 계획을 짰다. 어렵게 결정했는데 6개월 동안은 지속적으로 판촉을 할 수 있는 계획이어야 했다. 방문할 때는 언제나 고객에게 나를 인식시킬 수 있는 판촉물을 준비하기로 했다. 여름이라 생수가 좋을 것 같았다. 기왕이면 얼린 생수가 더 효과적일 것 같았다. 물론 이름과 전화번호가 적힌 선명한 스티커를 붙여서 말이다.

나는 매일 새 차를 탄다

다음 날부터 두세 달 동안은 거의 매일 아침 개인택시 기사들이 모이는 충전소에 가서 한 시간씩 판촉을 하고 출근했다. 이미 6월 중순이라 땀이 많이 흘렀다. 고객과의 어색한 분위기를 없애 주는 데는 얼린 생수가 한몫했다.

"현대자동차 Y카마스터입니다. 사장님, 얼음 생수 한 잔 하시지요."

"사장님, 차 안에 두셨다가 목마를 때 드십시오."

명함은 받지 않아도 얼린 생수는 받았다. 처음에는 의아해하던 기사들도 시간이 지나고 낯이 익자 하나 달라고 먼저 손을 내밀었다. 낮에는 미리 방문하여 얼굴을 알아 놓은 미터기 상사를 집중적으로 다녔다. 물론 이런 업체들은 이미 다른 지점 카마스터들이 오래 전부터 터줏대감처럼 자리 잡고 있었다. 어디에도 나 오라고 기다리는 곳은 없었다. 어떤 때는 먼저 온 다른 카마스터가 있어 아주 어색한 만남이 되기도 했다. 그렇지만 어떡하겠는가. 경쟁은 어디나 있는 것 아닌가. Y와 나는 웃음으로 서로 격려하며 어색함을 없앴다. 지칠 때는 둘이 앉아 하염없이 커피 잔만 보기도 했다.

충전소나 미터기 상사 같은 곳에서는 지점장의 방문을 의아해하기도 했고 고마워하기도 했다.

"아이고, 지점장님까지는 안 오셔도 되는데 뭐 하러…."

나는 개의치 않았다. 우리 직원 좀 도와 달라 부탁하고 일부러 식사 시간에 맞춰 방문하여 우연인 것처럼 점심을 같이 먹자 하기도 했다. 모든 방문처는 꼭 생수를 들고 들어갔다.

"시원한 물 좀 드리러 왔습니다. 현대자동차 Y 카마스터입니다."

어떤 순간에도 이름 석 자는 반드시 기억하도록 문을 열 때마다 매번 외쳤다.

"지난번에 주신 생수도 남았습니다. 이번엔 안 주셔도 됩니다."

"아닙니다. 기왕 가져왔으니 여기 두었다가 손님 오시면 한 병씩 주십시오."

정말 물 쓰듯 인심을 팍팍 썼다. 일주일에 두어 번은 지점장실에서 그와 같이 내일 판촉 할 생수에 스티커를 붙였다. 이 시간이 재미있었다. 서로가 바빴지만 다음 판촉 계획도 세우고 또 상담한 내용에 대해 상의도 했다. 가족 얘기는 더 재미있었다. 자주 같이 있다 보니 나도 그도 자연스레 가족 얘기가 나올 수밖에 없었다. 군대 간 아들 얘기, 부부 얘기 등등 서로가 많이 교감할 수 있는 시간이어서 이 시간이 아주 행복하였다. 마치 친구하고 얘기하는 시간 같았다. 서로가 서로에게 의지하는 시간이 되었다.

아이스박스를 갖고 생수 판촉 중인 택시 판매왕

나는 매일 새 차를 탄다

한 달, 두 달, 세 달…. 시간이 흐름에 따라 활동 반경도 넓어졌다. 그는 퇴근길에도 한두 군데씩 개인택시들이 많이 모이는 곳을 들렀다. 그 시간에 방문하는 카마스터는 그 외엔 아무도 없었다. 물론 중간중간 고객들의 외면에 지치기도 했고 과도한 조건 요구에 좌절도 했다. 나도 지원할 수 있는 모든 힘을 다하여 본부 협조를 이끌어 냈다. 가시적인 성과를 내기 전까지는 절대로 중간에 그만두게 할 수는 없었다.

노력은 수치로 나타났다. 판매 대수가 연평균 30여 대에서 그해 53대, 다음해 91대, 그다음 해 128대의 폭발적인 신기록을 써 내려갔다. 본인도 놀라고 나도 놀랐다. 그와 나는 기적을 써 내려간 것이다.

대체로 개인택시 운행하시는 분들은 연세가 많다. 운전이야 수십 년을 해서 익숙하지만 요즘 자동차는 첨단 사양들이 많이 들어가고 또 일반 행정 업무도 복잡하고 자주 바뀌어서 잘 모르는 부분이 많았다. 그도 처음엔 고객이 질문하면 모르는 것이 더 많았다. 모르는 것은 반드시 메모해서 나중이라도 알려 드렸다. 그야말로 배우면서 알려 주고 알려 주면서 배워 갔다.

그는 단순히 택시만 판매하는 카마스터가 아니라 운전자를 위한 공부를 했다. 경쟁 차량에 대한 성능, 가격을 비교해 주고 사고에 대한 처리까지 지원해 고객이 필요로 하는 카마스터가 되어 갔고 그러한 그들을 영원한 내 고객으로 만들어 갔다. 지금은 소개로 찾아오는 고객이 80%가 넘는다. 그는 말한다.

"처음엔 눈에 보이는 실적만 생각하니 늘 불안하고 초조했습니다.

그러나 어느 순간 길게 보이는 눈이 생기고부터 제 행동도 고객님 위주로 바뀌게 되었습니다. 저를 필요로 하는 고객님이 있다는 걸 알았습니다. 길게 보고 앞만 보고 고객님을 찾았습니다. 그랬더니 이제는 고객님이 먼저 저에게 오십니다. 최선을 다해 일하는 사람에게 더 많은 기회를 주시는 거겠지요."

나도 지점장으로서 제대로 반짝이는 흙 속의 진주를 찾았다. 승진? 물어보나 마나지요. 그가 바로 개인택시 판매왕 Y.C.H다.

나는 매일 새 차를 탄다

새 차 타는 길 들이기

준비

　백화점이나 시장에 가면 소비자에게 선택을 받기 위해 뽐내듯이 진열되어 있는 물건들을 볼 수 있다. 화려한 물건과 가지런하게 정렬된 물건들을 보고 있자면 뭐라도 사야 할 것 같은 소비 욕구가 절로 생긴다. 거기서 직원의 친절한 설명 몇 마디만 들으면 지갑은 저절로 열리고야 말 것이다. 소비자의 구매에 있어서는 직원 태도가 결정적이다.

　고객과 가장 먼저 만나는 자동차 전시장도 이와 같다. 회사는 고객이 언제나 쉽게 방문할 수 있는 전시장을 만들기 위해 모든 힘을 다 쏟는다. 카마스터 역시 자신의 책상보다 더 신경 쓰는 곳이 전시장이다. 다양한 차들이 멋지게 늘어서 있는 전시장은 고객들의 계약률이 아주 높은 곳이다.

　직원들은 전시장 내방 고객만 잘 관리해도 일정 수준의 실적을 올릴 수 있기 때문에 당직 근무의 선호도가 절대적으로 높은 편이다.

　　　　　　　　　　　　　　　나는 매일 새 차를 탄다

그래서 당직 전날에는 가능하면 다른 약속을 잡지 않고 몸과 마음을 편안하게 하여 고객 맞을 준비를 한다. 카탈로그나 가격표를 별도로 준비하고 전시 차량을 재점검해 보고 필요 고객에게는 미리 연락하여 그날 방문하도록 유도한다. 조금 과해 보일지는 몰라도 전날 목욕하는 사람도 있고 전단지를 미리 배포해 전화를 유도하는 사람들도 있다. 방문 고객을 위한 조그만 판촉물을 준비하는 것은 기본이다. 모두가 전시장 근무에 자신이 가진 모든 기량을 총동원한다.

K 카마스터는 전시장을 방문하는 고객은 차를 사러 오는 것이라 믿기 때문에 계약을 못 하면 자신이 고객에게 불충실했다고 생각한다. 그래서 반드시 계약으로 이끌기 위해 만반의 정신 자세를 가다듬는다. 여느 카마스터와는 다른 K만의 근무 자세를 들여다본다.

첫 번째는 몸단장이다. 단정한 양복에 손발톱은 물론 머리까지 단정하게 한다. 물론 평상시에도 단정한 차림이지만 당직 근무 시에는 더욱 신경을 쓴다. 손님을 맞이하는 태도가 남다르다.

두 번째는 청소다. 매일 전시장을 청소해 주는 분이 계시지만 K는 자기 맘에 들 때까지 빗자루를 들고 구석구석 비질을 하고 물걸레 청소를 한다. 전시 차도 다시 한번 먼지를 털고 손잡이의 손자국을 지운다. 이튿날까지 깨끗함이 이어진다. 청결함은 고객맞이의 기본 중 기본이라고 여긴다.

세 번째는 전시 차에 대한 공부다. 현황을 보지 않고도 차량 제원이나 생산일, 입고일, 출고 조건까지 상세히 완벽하게 외워서 고객의 어떤 질문에도 막힘이 없도록 한다. 고객이 봐도 제품 지식이 탁월하다고 생각되어 믿음이 간다. 요즘은 고객들의 성향이 다양해졌을 뿐 아니라 인터넷을 통해 이미 많은 사전 지식을 갖고 있어 상대하기가 여간 까다롭지 않다. 그러므로 카마스터가 제품 지식은 물론이거니와 그에 걸맞은 자신만의 상담 스킬도 어느 정도 이상의 수준을 갖추고 있어야 자신감을 갖고 고객을 대할 수 있다. 아무나 자동차 영업을 할 수 없는 이유이다.

　마지막으로는 메모와 정리다. 하루 대부분의 시간을 밖에서 고객을 만나다 보니 앉아서 정리할 시간이 많지 않다. 그래서 급하게 적은 메모를 차분히 앉아 정리할 수 있는 당직 근무 시간이 그렇게 소중할 수가 없다는 것이다. 이렇게 정확한 데이터를 가지고 있으니 언제 어디서든 정확한 내용으로 고객과 상담할 수 있다.

당직 근무 준비는 구석구석 청소부터

나는 매일 새 차를 탄다

대체로 정리를 잘하는 사람이 일도 잘한다. 이 정도면 고객은 자동차를 선택한 것이 아니라 K와 지점을 선택한 것인지도 모른다. 현대차를 판매하는 곳은 많지만 'K카마스터가 판매하는 현대차'는 바로 이곳에만 있기 때문이다.

그러므로 자동차뿐 아니라 카마스터도 고객에게 선택될 수 있도록 잘 상품화해야 한다. 인생은 늘 내가 선택할 수도 있고 선택될 수도 있는 상황을 적절하게 만들어 가는 것이다. 회사에서 필요로 하는 인재가 되어야 하듯이 고객에게도 꼭 필요한 카마스터가 되는 것 역시 카마스터로서의 사명이다. 우리는 잘 인식하고 있지는 못하지만 우리가 고객을 기다리듯이 고객도 늘 우리를 기다리고 있다.

변명

"죄송합니다만, 아직 열흘은 더 기다리셔야 할 것 같습니다."

"아니, 지점장님이 이번 3월 말까지는 빼 준다고 하시지 않았어요?"

"네, 맞습니다. 그렇게 말했습니다. 그런데 캘리그라피 부품 공급이 여의치 않아 자꾸 늦어집니다. 죄송합니다."

캘리그라피는 그랜저 중 제일 고급 사양이다.

"약속한 날에서 보름이나 지났어요. 그런데도 아직 열흘이나 더 기다리라고요? 내 친구는 나보다 더 늦게 계약했는데 벌써 나와서 타고 다녀요."

"그렇지만 그분하고는 같은 그랜저라도 사양이 다릅니다."

"무슨 소립니까? 색깔도 바퀴도 내가 계약한 거하고 똑같은데요."

전화 속 목소리는 낮은데 감정은 폭발하기 직전인 것처럼 느껴졌다. 벌써 몇 번씩이나 같은 말을 되풀이하고 있다.

나는 매일 새 차를 탄다

동창 소개로 이 고객을 만난 건 한 달 반 전이다. 곧 정년퇴직을 할 것이라 좋은 차를 타고 싶다며 요즘 인기 있는 그랜저를 알아보고 있는 중이라고 했다. 이 차를 사고 나면 조만간 막 취업한 그의 아들도 아반떼를 사야 한다고 했다. 보통 상담을 하면 가족 중에나 아니면 지인이 차를 구매할 예정이라는 말을 많이 한다. 사실일 수도 있고, 그렇지 않으면서도 좀 더 좋은 조건을 받고 싶어서 말하는 경우도 있다. 그래서 정확하고 자세히 설명을 잘하는 L 카마스터에게 상담을 하게 하고 계약을 했는데, 이렇게 출고가 늦어지는 바람에 독촉을 많이 받게 됐다.

L이 수시로 고객에게 출고 예정일을 안내해 드려서 그러려니 하고 기다리고 있는데, 고객 친구가 차를 먼저 받는 바람에 자존심 상한다며 독촉 전화가 시작된 것이다. 사실 계약을 하면서 고객에게 정확한 출고 예정일을 말하는 게 정상이다. 하지만 서너 달씩 출고 대기를 하고 있으면 정확한 날짜를 알지 못하여 대략 언제쯤 출고할 수 있을 거라고 말한다. 그리고 고객이 "그래도 조금 일찍 당겨 주세요." 그러면 "네, 알겠습니다. 제가 최선을 다해 당겨 보겠습니다."라고 말하고 계약을 한다. 출고하는 데 변수도 있겠지만 일단 계약을 하고 기다려 본다.

어쨌거나 출고는 예정보다 많이 늦었지만 차에 대해서는 대단히 만족해하셨다. 한 달쯤 지났을까? 잠시 잊고 있었는데 고객님에게서 전화가 왔다.

"지난번에 얘기한 내 아들 아반떼를 알아보고 있소."

아들 차를 산다고 해도 그냥 지나가는 말인 줄 알았는데, 그랜저를 늦게 출고해 드려 미안해서 안부 전화도 제대로 못 했는데 아들 차 계약하자고 연락이 왔다. 아이고~ 이걸 어째. 정말 낯이 뜨거웠다. 왠지 엄청 부끄러운 생각이 들었다.

"이번에는 늦지 않게 잘 출고해 주세요."

"네, 명심해서 제대로 출고해 드리도록 하겠습니다."

다행히 고객이 지난달 그랜저 출고 지연에 대해서는 크게 문제 삼지 않고 잘 이해해 주셔서 아반떼 계약은 쉽게 마칠 수 있었다. 나도 이번에는 똑같은 실수를 반복하지 않도록 출고일을 주시해 보고 있었다. 그런데 또 문제가 생겼다. 출고일이 자꾸 늦어지더니 결국은 자동차에 붙는 개별 소비세 인하 혜택을 못 받게 생겼다. 미리 또 사과를 해야 했다. 아이고, 이런…. 이 고객 분께는 미안하다는 말밖에 할 말이 없나.

"아, 네 선생님, 그래야지요. 근데 이번에도 사정이 여의치 않아…."

연거푸 두 번이나 출고 지연으로 고객 마음을 불편하게 만들었다. 나를 아껴 주고 찾는 고객에게는 더 좋은 이미지를 남겨 드려야 하는데 이런 상황이 되어 정말 힘들었다. 출고 독촉을 받을 때보다 마음이 더 부담스러웠다.

출고 후에 조그만 선물을 하나 드리며 인사했다. 구입해 주셔서 거듭 고맙다고 또 미안하다고. 이번에도 선생님은 아쉬웠지만 그래도 생각보단 빨리 차가 출고되어 고맙다고 인사를 덧붙였다. 6월 안에는 출고가 어려울 것이라 예상했지만 그래도 혹시나 하는 마

　　　　　　　　　나는 매일 새 차를 탄다

음에 독려를 했다고. 차를 인도해 준 L이 친절하고 상세하게 잘 설명해 주어 고맙다고 좋아했다. 그래도 다행인 것은 그랜저와 아반떼 둘 다 아주 마음에 들어 했다는 것이다.

고객도 카마스터를 잘 이해하고 기다려 주는 사람이 있다. 이것도 카마스터에 대한 믿음과 신뢰가 있을 때만 가능한 일이다.

일을 하다 보면 의도한 대로 되지 않는 수가 있다. 이럴 때 잘 안된 이유를 이러쿵저러쿵 구구절절 설명하는 게 '변명'이다. 국어사전에는 "어떤 잘못이나 실수에 대해 구실을 대며 그 까닭을 말하는 것"이라고 나와 있다. 변명은 사과 다음에 나오는 말이다. 사과만으로는 해결되지 않기 때문에 그 이유를 설명하는 것은 당연한 일이지만 그것으로도 충분하지 않다고 생각하기 때문에 더 구체적이거나 지나치게 말을 길게 하게 된다. 그래서 흔히 말하는 구차한 변명이 되고 이럴 경우 모양새가 빠져버려 영 체면이 서지 않는다. 변명을 길게 하면 품위가 없어 보이는 것도 사실이다. 그간에 자신이 한 행동을 하나하나 남에게 설명하는 사람은 타인의 시선을 지나치게 의식하거나 자신감이 떨어지는 사람이다. 어차피 욕을 얻어먹을 수밖에 없다면 차라리 구차한 변명을 하지 않는 게 나을지도 모르겠다. 어쩌면 이런 당당한 모습이 더 믿음직스럽게 보일지도 모르기 때문이다.

내가 조금 망가지더라도 고객에게 사과하고 변명해서 차를 파는 게 나을까. 아니면 당당한 품위를 지키고 해약할지도 모를 고객의 다음 선택을 기다리는 게 나을까….

참으로 어려운 게 사람 사이지만 또 다르게 보면 그렇기 때문에 재미있고 즐거운 게 사람 사이다. 회사 일을 하면서 나와 내 고객 인생의 일부를 함께 공유하며 그를 통해 인생을 같이 배워 간다는 건 참으로 멋진 일이다. 회사가 아니면 어디서 이런 경험을 할 수 있겠는가.

성공을 새롭게 정의하다. 그랜저

나는 매일 새 차를 탄다

점심시간

은행에 다니는 A고객은 자동차를 구입하고자 점심시간을 이용해 회사 옆 가까운 전시장을 방문했다. 마침 당직자가 있어 차 좀 구경해도 되겠느냐고 물었다.

"네, 둘러보세요."

당직자는 이 한마디를 하고는 어디다 전화를 하는지 계속 통화를 했다. 몇 가지 묻고 싶은 게 있었으나 도저히 물어볼 분위기가 아니었다. 지금 곧 나갈 거라며 누군가와 점심 약속을 잡고 있었기 때문이다. '내가 차 살 것 같지 않아 보여 그러나?' 하는 생각이 들어 빨리 전시장을 나가야 할 것 같았다. 당직자도 굳이 고객과 상담하고 싶지 않은 듯싶었다.

인터넷을 통해 가격이나 편의 사양 등을 다 알아봤지만 그래도 실물을 보고 설명을 듣고 싶었다. 주변 사람들이 직접 가서 상담하면 더 좋은 조건을 얻을 수 있다는 말도 심심찮게 들었기 때문이다.

오랜만에 새 차를 사기로 결정하고 내심 기분 좋게 차를 보러 전시장을 방문했지만 쫓겨나듯 나오고 말았다. 겨우 카탈로그만 얻어 나왔는데 기분이 영 찜찜했다.

고객이 차를 둘러보고 있는데 굳이 점심 식사 약속 잡는 게 그렇게 중요할까. 얼핏 들었지만 말투로 봐서는 동료나 친구와의 전화인 것 같았다. 뭐 필요한 게 없냐고 지나가는 말이라도 한번 물어봤으면 이렇게 서운하지는 않았을 것이다. 견적도 못 받고 허전한 마음을 추스르며 나오는데 고객 연락처는 묻지도 않고 "차 사실 때 연락 주십시오." 하면서 자신의 명함만 주는 게 더 얄밉게 느껴졌다. 차를 팔 의사가 전혀 없이 건성으로 명함을 내미는 것 같았다. 그렇지만 점심시간이어서 뭐 그럴 수도 있다고 이해하기로 했다. 누구에게나 소중한 점심시간이니까.

고객은 며칠 후 다시 그 전시장엘 들렀다. 필요한 정보는 그럭저럭 다 얻었기 때문에 이젠 계약을 해야겠다고 마음먹었다. 오늘은 제발 무관심했던 그 직원이 없길 바라면서. 전시장 문 앞에는 친절한 고객 안내문이 걸려 있었다.

"지금은 점심시간이오니 1시 이후에 방문해 주시면 고맙겠습니다."

전시장 문을 열려다가 그만 힘이 빠지고 말았다. 완곡한 표현으로 써 붙여 놓았지만 어딘지 모르게 불쾌한 감정이 들었다. 본인에게만 주어진 얄팍한 자존심이 아니라 고객을 피하는 듯한 오만한 비겁함이라 생각되었다.

두 번이나 이 전시장을 방문했지만 제대로 상담을 받아 보질 못

나는 매일 새 차를 탄다

했다. 애써 시간을 내서 찾아왔건만 나하고는 맞지 않는다는 생각
이 들었다.

'이 지점은 나와는 인연이 없나 보다.' 고객은 한숨을 쉬며 발길
을 돌렸다. '여기 아니면 차를 못 사는 것도 아니고….' 이곳저곳 검
색하다가 한 곳을 찾았다. 생각보다 멀지 않은 곳에 있었다. 조금
서두르면 충분히 계약하고 직장에 돌아갈 시간도 되었다. 더운 날
에 마스크를 쓰고 새로 찾은 현대자동차 전시장 문을 열었다.

"어서 오십시오. 무엇을 도와 드릴까요, 고객님?"

우리 지점 K 카마스터가 반가이 맞았다.

"차 계약하러 왔습니다."

좀 멀지만 다른 전시장엘 한 번만 더 가 보자고 온 게 우리 지점
이다. K는 자세하게 상담을 해 드렸다. 이미 차종을 다 정하고 왔
기 때문에 계약은 일사천리로 진행되었다. 계약을 마친 고객은 이
렇게 물었다.

"K 카마스터 님은 점심 식사 안 하세요?"

"네, 교대로 먹기 때문에 조금 있다 먹으면 됩니다."

"네에…."

그러면서 자신이 두 번이나 찾아간 그 지점에 대해서 얘기했다.
다소 과장된 부분도 있겠지만 누구나 공감할 만한 자신의 불만과
개선책을 내놓았다. 우리 지점의 일인 양 새겨들어야 했다.

누구에게나 점심시간은 휴게시간으로 보장되어 있다. 그렇지만
당직 근무 날만이라도 직원끼리 서로 조율하여 조금 일찍 또는 늦

고객을 위한 편안한 휴식 공간

게 먹는다면 방문한 고객이 헛걸음할 일은 없을 것이다. 고객을 조금만 생각한다면 이 정도는 내가 양보해도 될 일이다.

내가 성장하지 못한다면 회사의 성장은 아무런 의미가 없다. 거창한 4차 산업혁명이니 뭐니 하는 건 잘 모른다. 하지만 예상치 못한 코로나19로 영업 시장이 급변했다는 건 누구나 알 수 있다.

그래도 고객을 외면한다면 이건 대책 없다. 불확실한 미래에 지갑을 닫는 고객들이 많아 자동차 판매 시장은 더욱 경쟁이 치열하게 됐다. 고객 입장에서는 갈 곳이 너무 많아졌다. 여기가 아니면 안 되는 것이 아니라 다른 곳에 가면 더 환영받을 수 있다는 걸 우리는 빨리 깨달아야 한다.

늦는 첫 차

어떤 시기마다 특정 차종의 판매를 강조하는 때가 있다. 시장 상황에 따라 경쟁사와 치열하게 맞붙는 차종이 있는 것이다. 우리 회사에서 소형 SUV 차량이 처음 시장에 나왔을 때다.

처음부터 자동차 시장에 강력하게 어필을 해야 다음부터 판매가 쉬워지기 때문에 회사에서는 지점 판매 대수에 엄청 관심이 많았다. 수많은 차들 중에서 유독 그 차종만 매일 현황을 만들어 판매 상황을 보고하게 했으니 실적에 대한 스트레스가 이루 말할 수 없었다. 월말이 다가오는데 목표 달성까지는 아직 갈 길이 멀었다.

그러던 어느 날 오후 나를 찾는 전화가 왔다. 지점장이냐고 묻더니, 차 문제로 상의할 게 있어 30분 내로 방문하겠다고 했다. 누군지 밝히지도 않아 궁금했지만 그냥 기다렸다. 잠시 후 사무실로 불쑥 고객이 들어왔다.

"이거 해약 좀 해 주시오."

돌돌 말려진 계약서를 던지듯이 내민다.

"네, 알겠습니다. 일단 이쪽으로 편히 앉으십시오."

일단 자리를 내어 앉으시게 하고 계약서를 펼쳐 봤다. 가만히 보니 이번 시기에 그토록 팔아야 하는 금쪽같은 SUV 차량이다.

"도저히 이 사람한테는 차를 못 사겠습니다. 나이가 많다고 나를 너무 속입니다. 내가 모를 줄 알고."

그러고 보니 연세가 좀 있어 보이셨다.

"사장님, 해약은 어렵지 않으니 어찌된 일인지 얘기나 좀 해 주십시오."

없는 고객도 만들어서 팔아야 할 텐데 이미 계약한 고객을 놓칠 수는 없었다. 내 사전에 해약이란 있을 수 없다. 해약한 고객은 나쁜 감정을 가지고 가기 때문에 다시는 돌아오지 않는다. 그렇지만 우여곡절 끝이라도 끝까지 붙잡아 출고를 하면 그 고객은 진정 내 고객이 된다.

고객은 친구가 소개해 준 카마스터를 믿고 계약했는데, 사양을 자꾸 바꿔 자기를 속인다고 한참 동안 불만을 쏟아 냈다.

"사장님, 그러면 이 차를 제가 판매하면 어떻겠습니까?"

"그게 무슨 소리요?"

"우리 직원은 믿지 못하시겠고 차는 사셔야 하니 제가 차를 팔 수밖에요. 저한테 사십시오."

또 뭐가 뭔지 헷갈려 하는 고객을 설득하여 일단 해약을 미루고 돌려보냈다.

　　　　　　　　　　　　　나는 매일 새 차를 탄다

담당자인 J 카마스터에게 왜 그런지 이유를 물어보니 우리 직원이 좀 실수를 한 게 있긴 있었다. 맨 처음 계약한 차가 제대로 출고되었다면 이런 문제가 없었을 텐데, 조금이라도 일찍 출고시키려고 좀 더 비싼 사양을 넣는 바람에 문제가 생긴 것이다. 그렇더라도 변경된 계약서를 고객에게 새로 보내 드렸으면 아무 문제가 없었을 텐데 말이다.

고객은 처음 계약서를 들고 있고 J는 바뀐 계약서로 얘기하니 고객의 오해를 살 수밖에…. 서로 옥신각신하다가 급기야 해약한다고 고객이 찾아오게 된 것이다. J는 고객에게 하도 시달려서 그냥 해약해 주자고 했다. 이 고객 설득하러 다니는 시간에 다른 곳을 방문하면 더 많이 팔 수 있다고.

그렇지만 모르는 소리다. 이 소중한 차를 도저히 해약할 수는 없었다. 그리고 이 한 분의 고객이 얼마나 소중한지. 차도 고객도 절대로 놓칠 수 없었다. 그리고 이런 것이 지점장이 할 일 아닌가.

다음 날 약속을 잡아 조그만 빌라에 사시는 고객 집으로 방문했다. J는 죽어도 차를 안 사겠다 하여 나 혼자 집에 들어가 설득도 하고 이렇게 구입하면 된다고 상담도 하고 나왔다. 이런 방문을 6번이나 했다. 낯선 좁은 골목길을 따라서 동네 구경도 하면서 들락거렸다. 이럴 때 아니면 이 동네를 어떻게 와 보겠나. 그런 생각으로 주변을 휘휘 둘러보며 방문했다.

두세 번 방문하니 더 이상 설득할 말이 없었다. 맨날 똑같은 말이다. 그래서 다음번에는 소주와 안주를 조금 사서 들어갔다. 둘이 앉아 한 잔씩 비우며 고객님의 영화 같은 지나온 얘기를 들었다.

넉넉하지는 않았지만 평생 검소하게 살아온 얘기였다. 고객은 한 평생 화물차만 운전을 해 왔다.

"큰돈은 못 벌어도 열심히 일한 덕분에 그런대로 자식 공부시키고 지금은 둘 다 결혼해서 제 밥벌이하고 잘살아."

자녀 키운 얘기를 할 때는 나도 공감이 갔다. 이 세상 모든 부모가 그렇듯 어려운 살림에도 자식이 잘 커 줘서 고맙다고 했다. 자식 얘기 늘어놓을 때는 조금 전까지 화를 내던 모습은 온데간데없다. 부모는 자식 얘기 할 때가 가장 좋은가 보다.

"네, 사장님 삶이 성공한 인생입니다. 자녀들도 아버지를 존경할 겁니다."

"근데 이제 나이가 드니 일을 하기가 힘들어. 그래서 화물차도 팔았지. 늦었지만 이젠 남들처럼 자가용 사서 마누라 태우고 놀러도 다니려고."

"아, 그러셔야지요."

"둘이 타니 큰 차도 필요 없어. 조그만 차 한 대 사려고 알아보다 J를 소개받은 거야."

한 잔씩 주고받는 술잔에 힘들게 살아온 고객님의 인생도 같이 녹아 있었다. 지나온 인생 얘기에 술기운도 올라만 갔다.

며칠 후 새 번호판을 단 반짝반짝 빛나는 소형 SUV를 전달했다. 고객님은 70 평생 처음인 자가용을 떨리는 손으로 받았다. 그 기뻐하시는 부부의 모습이 어린애처럼 맑아 보였다. 나도 고객님도 J도 함께 기쁨을 나눴다.

　　　　　　　　나는 매일 새 차를 탄다

아무리 보잘것없는 물건이라도 누군가에게는 아주 소중한 것일 수도 있다. 작은 차라고 무시하지 말라. 어쩌면 여러 번 큰 차를 사는 사람보다 마음의 소중함은 작은 첫 차가 훨씬 더 크게 와닿을 것이다. 그래서 나는 우리 직원의 고객을 또 한 명 단단히 엮어 놓았다. 그래서 지점장이 있는 거다.

유쾌한 퍼포먼스의 시작, 코나

감성 기억

회사 생활을 돌이켜 보면 동료들과 함께 야유회 가서 멋지게 놀았던 기억이 많이 난다. 언제 돌아보아도 즐거운 추억이다. 그 장소에서 무슨 말을 하고 놀았는지는 기억이 나지 않지만 그 분위기는 강하게 남아 있다.

고객도 마찬가지다. 카마스터가 우리 집에 열심히 방문한 것은 기억나지만 무슨 말을 했는지는 잘 기억하지 못한다. 그러니까 우리 집에 방문한 카마스터가 많다면 그중에서 가장 좋은 기억이 있는 사람을 찾을 것이다. 그 사람에 대한 기억이 좋지 않다면 아무리 많은 방문을 했다고 해도 찾지 않을 것이다. 그래서 한 번을 방문하더라도 고객에게 좋은 기억을 심어 주고 와야 한다.

딩동~ "금일 오후 4~5시 사이에 김세진 님께 도착 예정입니다." 메시지 알림 문자가 있어 봤더니 택배 도착 예정 안내다. 뭐

나는 매일 새 차를 탄다

지? 내가 뭐 주문한 것도 없는데?

사실 나는 지점에서 사용할 판촉물을 제외하고는 택배 주문을 하지 않는다. 무엇인지 궁금했다. 도착한 물건을 보니 뭔가 길쭉한 거였는데 지방 근무할 때 같이 근무했던 이춘배 부장이 보냈다. 거의 20년 전의 일이다. 잘 접혀진 고급스런 수건과 우산이 들어 있었다. 자세히 보니 무슨 글씨도 쓰여 있었다.

〈판매명장 이춘배〉

'아, 이 친구가 드디어 해냈구나!' 입가에 미소가 지어졌다. 이름만으로도 반가웠는데 회사에서 큰 포상을 받아 나에게까지 선물을 보내 줬구나. 고객 분들에게 나눠 드리기에도 부족할 텐데 마음 씀씀이가 고맙기 그지없었다. 떠나온 지가 오래되어 간간이 서로 안부만 묻고 제대로 연락도 못 하고 지냈는데 이런 걸 보내오다니. 반가운 마음에 전화를 했다.

"아, 지점장님 안녕하십니까? 잘 계셨지요?"

전화를 받으면서 첫마디에 웃는 예전 목소리 그대로다. 눈앞에서 보는 것 같다.

"오랜만이야. 여전히 잘하고 있네. 축하할 일이 생겼구먼. 잘했어. 명장 등극 축하하네."

"고맙습니다. 지점장님 덕분입니다."

"아니야, 자네가 쭉 잘해 와서 그런 거지. 판매 실력이야 공문을 통해 늘 보고 있었네."

"지점장님과 국밥 집에서 소주 마시던 생각이 납니다. 그때 제게 '판매왕의 기분'에 대해 말씀을 많이 해 주셨는데요. '판매왕이 되어 봐야 진정한 판매의 맛을 알 수 있다'란 그 말씀 잊지 않고 있습니다. 지점장님 떠나가신 지 오래되었지만 아직도 생각이 납니다."

"그래, 맞아. 그땐 술도 참 많이 마셨었어."

한참 동안이나 옛날 얘기를 하고 나서야 전화를 끊었다. 끊고 나서도 한참 그 시절 모습이 생생하게 떠올랐다.

팀장이었던 이 부장은 정말 부지런하고 항상 웃는 표정으로 말을 하곤 했다. 처음 만나는 사람들의 경계심마저도 허물어 버릴 마음씨 좋은 옆집 아저씨 같은 외모에 인심까지 넉넉했다. 같이 자주 어울린 건 기억나는데 '판매왕의 기분'에 대해 이야기한 것은 가물가물하다.

그렇지만 퇴근하고 지점 근처 돼지고기를 삶아 내놓는 국밥 집에 가서 직원들과 소주 마신 건 기억에 많다. 정말 그땐 뭐가 그리 좋았는지 마냥 떠들며 술잔을 부딪치곤 했다.

우리가 사람을 만나고 나면 우리 머릿속에 가장 강렬하게 남는 기억은 무엇일까? 그 사람의 말? 옷? 조사에 의하면 '감성 기억'이 가장 강하게 남는다고 한다. 즉 말보다는 그 당시의 흥겨웠던 분위기가 깊게 기억된다는 것이다. 어릴 때 소풍 가서 무슨 말을 어떻게 했는지는 모르지만 어쨌든 기분이 좋았고 들떠 있었다는 것은 기억이 난다. 직원들과 야유회를 가거나 고주망태가 되도록 술 마신 기억은 좀처럼 잊히질 않는다. 사람은 추억으로 산다고 하지 않던가. 또 누구와 다투거나 마음 상했던 일도 잘 잊히지 않는다.

요즘같이 발달된 컴퓨터로도 조절할 수 없는 감성 영역, 즉 흥겹

　　　　　　　　　　　　　나는 매일 새 차를 탄다

고 공감하고 흥분하고 위안을 얻는 곳이 감성 영역이다. 그렇기 때문에 우리는 가능한 한 고객뿐 아니라 주위 동료와도 좋은 감정을 많이 만들어 나누고 공유할 필요가 있다.

조금 다른 얘기일지는 모르지만 치매에도 예쁜 치매가 있다고 한다. 치매라는 것이 오래된 일은 기억하는데 최근의 일은 기억 못하는 병이다. 인지 기능 손상으로 옛날 어려웠던 시절의 얘기들을 거침 없이 하기 때문에 주변 사람들을 힘들게 한다. 그렇기 때문에 모든 장기 기능이 정상적인 젊은 시절에 좋은 추억과 경험을 많이 쌓아 놓아야 나이 들어 치매에 걸릴지라도 행복했던 시절의 좋은 얘기를 많이 한다고 한다. EBS TV 〈명의〉라는 프로그램에서 본 내용이다.

나쁜 기억과 추억은 자신의 인생을 소리 없이 갉아먹는다. 좋은 기억을 가지지 못한 사람은 미래를 긍정적으로 생각하는 것 역시 불가능하다. 미래는 과거와 현재를 계속 모방하고 쫓아간다. 우리는 늘 자신이 이전에 경험한 비슷한 형태로만 상상을 하기 때문에 긍정적 기억과 경험을 많이 가진 사람일수록 긍정적인 미래를 주도해 나갈 확률이 높아진다. 나를 위해서라도 고객에게 좋은 기억을 많이 심어 줄 일이다.

고객은 카마스터와 만나서 무슨 얘기를 했는지는 잘 기억하지 못하지만 그와 대화했던 분위기는 기억하고 있다. 따라서 고객의 선택을 받기 위해서는 차에 대한 지식은 기본이고, 여기에 더해 고객의 마음을 미리 살펴보고 그 감정을 조금이라도 움직일 수 있는 어떤 소구점(訴求點)이 있어야 한다. 한마디로 감성에 의해 고객과의 지속적이고 우호적인 관계가 결정되기 때문이다. 이춘배 부장이 보내 온 우산은 지금도 잘 사용하고 있다. 마음도 함께.

속리산 문장대에서. 맨 왼쪽이 이춘배 부장, 오른쪽에서 두 번째가 나

나는 매일 새 차를 탄다

인정

　고객 불만이 접수되었다고 본사에서 연락이 왔다. 서비스 약속을 지키지 않아 항의하는 고객을 부인이 있는 앞에서 불친절한 태도로 자신을 면목 없게 만든 자격 없는 카마스터를 처벌해 달라는 내용이었다. 먼저 당사자인 L 카마스터의 얘기를 상세하게 들어 봤다.

　고객이 요구한 서비스 품목에 대해 일정 부분은 고객이 부담하기로 했는데 돈을 주질 않아 기본 품목으로 제공했더니 약속이 다르다며 불만을 제기했다는 것이다. 또 공교롭게도 다른 고객 분과 상담하고 있는 중에 이 고객이 항의를 하길래 지금 상담 중이니 조금만 기다리시라고 했는데 그걸 꼬투리 잡는다고 했다. 그리고 누가 차를 긁었는데 그것 때문에 화가 더 많이 난 것 같다고 얘기해 줬다.

　일단 상황 파악을 하고 고객에게 전화를 했다.

　"지점장입니다. 고객님께 불편을 드려 죄송합니다."

최대한 예의를 갖춰 공손하게 말했다.

"죄송할 것도 없고요, 원래 약속한 서비스와 인격 모독에 대한 손해 배상을 해 주시고 버릇없는 그 직원을 징계해 주십시오. 이게 답니다."

단단히 화가 난 고객이 금방이라도 튀어나올 것 같았다.

"속이 많이 상하신 것 같습니다. 거듭 사과드립니다. 상황을 조금만 더 자세히 말씀해 주시면 상응한 조치를 취하도록 하겠습니다."

그 고객은 오래 탄 부인 차를 아반떼로 바꿔 주어 기분이 좋았다. 그렇지만 서비스 품목이 차이가 나 부인과 같이 우리 지점에 들러 이런 사정을 얘기하는데, 직원이 성의 없이 듣고서는 나중에 얘기하자며 오히려 큰소리를 쳐 아주 불쾌했다는 것이다. 그것도 자기 부인 앞에서 그런 면박을 당하니 창피해서 도저히 견딜 수가 없다 했다. 이 일로 인해 부인한테 "당신은 내 돈 주고 차 사면서 이런 대접을 받느냐?"며 부부싸움까지 크게 했다는 것이다.

고객은 말이 난 김에 한마디 더 하겠다며 말을 이었다. 차를 인도받은 첫날에 누가 그랬는지 범퍼와 휀더가 심하게 긁혔다. 관리 사무소에다 보상을 요구했지만 규정상 등록되지 않은 차는 보험 처리가 안 된다고 해 보상도 못 받게 됐다. 차를 저녁때 인도해 주는 바람에 입주민 차량 신고를 못했기 때문이다. 그래서 CCTV를 돌려 봐야 하는데 그러자면 또 시간이 엄청 걸리니 언제 범인을 찾겠느냐고 했다. 차만 일찍 갖다 줬어도 이런 일이 없었을 것이라며 목청을 높였다. 새 차 사면 기분이 좋아야 하는데 첫날부터 심하게 기분이 상하고 말았다. 그러고는 현대자동차에서는 직원 교육을

나는 매일 새 차를 탄다

이렇게 시키느냐고 흥분했다. 일이 안 풀린 모든 것을 우리 회사에 퍼부었다.

결론적으로 고객은 카마스터가 잘못한 부분은 솔직하게 인정하고 미안하다고 말하라는 것이었고, 비용이 과다한 부분도 얘기를 했으면 추가 지불했을 것인데 다른 제품으로 붙여 놓으니 화가 났다고 했다. 한참 동안 고객의 말을 들으니 고객의 마음도 이해는 됐다. 새 차를 샀는데 고객의 맘대로 되지 않아 화가 많이 났을 것이다.

그렇지만 이젠 고객의 마음도 풀어야 하고 비용 문제도 해결해야 했다. 통화를 하면서도 어떻게 이 일을 수습해 나갈까 생각을 했다. 일단 천천히 받아들이고 고객의 화가 가라앉길 기다렸다. 전화기를 통해 전해 오는 목소리가 좀 낮아지는 틈을 타서 말했다.

"불편하게 해 드려 정말 죄송합니다. 괜찮으시면 찾아뵙고 사과를 드리겠습니다."

사실 내가 방문한다 해도 그 자리에서 해결할 수 있는 일도 아니고, 특별히 더 할 다른 얘기가 없다는 건 나도 잘 안다.

"나도 바쁜 사람이오. 올 필요도 없고 내 요구대로만 해 주시면 됩니다. 아니면 나도 끝까지 해 보겠습니다."

화가 누그러지지 않은 고객에게 굴하지 않고 그래도 꼭 만나고 싶다고 했다. 나와 만나기로 한다면 잠시나마 고객이 진정할 수 있는 시간적 여유를 가질 수 있다. 또 아무리 화가 났더라도 서로 얼굴을 보면 전화보다는 그 정도가 약해지게 된다. 더구나 나는 사건

당사자가 아니기 때문에 아무래도 나한테 강하게 화를 내지는 못한다.

"아니, 지점장님이 오셔서 무엇을 하겠습니까? 서로 바쁜데."

지점장이 끝까지 직접 방문해서 사과하겠다는 데에서 고객의 목소리가 좀 낮아지는 것처럼 들렸다. 그래서 슬쩍 준비한 제안을 했다.

"선생님, 시간 내기가 어려우시다니 그러면 제가 이렇게 해 드리면 어떻겠습니까?"

"어떻게요?"

고객의 마음이 확 다가옴이 느껴진다.

"이미 장착한 부품을 뗐다가 다시 부착하면 비용이 두 배로 더 드는 것은 물론 차체에도 손상이 갑니다. 이 부품도 다른 고객들이 많이 사용하는 좋은 것입니다. 그래서인데 이것은 그냥 사용하시고 대신 차에 긁힌 부분은 표시 나지 않게 완벽하게 수리해 드리고, 직원 징계는 사규에 따라 처리해서 결과를 알려 드리겠습니다."

"아니오, 나는 차 수리해 달라고 이러는 건 아닙니다."

"압니다. 사모님께 드릴 새 차를 구입하셨는데 얼마나 기분이 언짢으셨겠습니까. 이렇게 해서라도 제 성의를 표시하고 싶습니다. 물론 선생님의 기분에는 차시지 않겠지만 넓게 양해를 해 주십시오."

"이게 아닌데…."

결국 고객이 원하는 것은 어떤 상황에 대한 '인정'이었다. 아니라고 자꾸 우기는 데 화가 난 것이며, 물론 바쁜 상황이 있었지만 계약 전과 후의 태도 변화에 화가 난 것이다.

지점장이 대단한 자리는 아니지만 그래도 직원을 대신하여 고객에게 사과하고 직접 나서서 일을 처리하니 결과는 좋았다. 나중에 그 고객에게서 문자가 왔다. 자신은 현대자동차만큼은 아니지만 그래도 중견 업체 임원이라면서 지점장으로서 책임지는 자세가 좋았다며 길게 칭찬을 해 왔다.

고객은 철부지 어린애와 같다는 말이 있다. 변덕이 심하고 마음에 안 들면 잘 삐지기도 하기 때문일 것이다. 그리고 고객은 언제든 떠날 준비가 되어 있는 사람들이다. 사람이 나빠서가 아니라 상황이 그런 것이다.

이렇게 생각하니 고객과의 어긋난 갈등도 인생에 있어 결국 사람을 배우는 하나의 과정이라 생각됐다. 그냥 일상적으로 일어나는 기분 나쁘고 좋지 않은 일이라고 생각하기보다는 나 자신과 고객을 알아 가는 또 하나의 과정으로 보기로 했다. 이런 걸 보면 나는 참으로 풍족하고 행복한 인생을 사는 게 틀림없다.

꿈이 있는 젊음의 상징, 아반떼

교육

학교에 입학하거나 훈련소에 가면 맨 처음 배우는 게 똑바로 줄 서기다. 몰라서가 아니라 이 기본 동작을 제대로 알아야 다음번 동작으로 넘어갈 수 있기 때문이다. 카마스터에게 '똑바로 줄서기'에 해당하는 것이 바로 제품 교육이다. '교육'의 사전적 정의는 '사람이 살아가는 데 필요한 지식이나 기술 등을 가르치고 배우는 활동'이라고 한다. 한마디로 우리가 살아가는 데 망가지지 않고 제대로 잘 굴러가도록 기름 치고 닦는 것이 교육이다.

요즘처럼 정보화 시대에는 영업 스킬도 중요하지만 내가 가진 상품에 대해 고객을 상대할 수 있는 전문적이고 깊이 있는 제품 지식이 더 중요시된다. 고객으로 하여금 필요한 자동차를 제대로 선택할 수 있게 하기 때문이다. 요즘 고객들은 차에 대한 관심이 많을 뿐 아니라 인터넷에 넘쳐나는 정보로 전문 지식을 쉽게 접할 수 있어 신기술에 대한 지식이 웬만한 카마스터보다 나을 수도 있다. 상담을 하다 보면 고객의 예상치 못한 질문에 당황할 때가 더러 있다.

기본 제품 지식조차 부족한 카마스터가 고객과 상담하면 바로 티가 난다. 학창 시절에는 그래도 그럭저럭 묻어 갈 수도 있었지만 회사 생활에서는 생존이 어려워진다. 뿐만 아니라 회사에서의 생존조차 어렵게 만든다. 카마스터가 옵션을 정확히 설명해 주지 못해 선택을 잘못한 네티즌이 오죽했으면 영업 사원 교육의 필요성을 인터넷에 올려놨을까.

카마스터는 다양한 차종과 날로 진화하는 옵션만큼이나 알아야 할 내용도 많다. 그렇다면 자연스럽게 학습 효과를 높일 수 있는 방법은 없을까? 그래서 나는 아침 조회 시간에 짧은 질문을 주고받는다.

"어떤 고객님이 새로 출시된 G80의 '차로 유지 보조' 장치는 이전 차량과 어떤 차이점이 있는가를 묻는다면 어떻게 대답할까요?"

"반드시 '후측방 모니터'가 장착된 그랜저를 사고 싶은 고객에게는 어떤 모델을 권해야 할까요? 또 다른 모델에 이 사양만 장착하려면 어떤 선택 품목을 추가해야 할까요?"

이미 알고 있다면 복습이 되고 몰랐다면 제대로 알 수 있는 기회가 될 것이다. 질문은 실제 현장에서 고객과 활용할 수 있는 내용으로 한두 문제면 충분했다. 대답하는 직원에게는 늘 커피 한 잔을 선물했다. 정답이면 좋겠지만 틀려도 상관없이 선물은 보냈다. 하나씩 알아 가는 제품 지식 못지않게 서로 대화를 통한 활기찬 아침을 여는 것 역시 중요하다고 생각했기 때문이다.

요즘 나오는 신차들은 최첨단 기능을 가지고 있어 조금만 한눈팔면 사용법은 물론이거니와 이름도 제대로 기억할 수가 없다. 이런 차들이 몇 달 간격으로 출시되니 정신 똑바로 차리고 챙겨 볼 일이다. 제품 교육은 내가 안다고 끝나는 게 아니라 고객이 이해하기 쉽게 경쟁사와 비교 설명할 수 있도록 해야 하니 보통 힘든 게 아니다. 가격과 조건 그리고 단순한 차량 정보는 인터넷에 넘쳐난다. 카마스터는 인터넷에는 나와 있지 않은 얘기를 할 수 있어야 한다. 일상 운전에 필요한 기능의 활용 방법이라든가 고객의 가치를 올려 줄 수 있는 자동차 관리 방법, 또는 고객 구매 성향에 대해 더 철저하게 연구해야 하지 않을까? 아무리 좋고 편리한 첨단 기능이 들어가도 내가 영업 활동에 활용하지 못하면 말짱 도루묵이다.

"교육은 풍요할 때의 장식이요, 역경 때의 피난처"라고 아리스토텔레스는 말했다.

다른 영업에도 마찬가지겠지만 자동차 영업 시장에도 고성과자

나는 매일 새 차를 탄다

강의 진행 중인 나. 왼쪽에서 두 번째

와 저성과자가 확연하게 구분되어 있다. 고성과자에게는 그들만의 차별화된 성공 요인이 있고 저성과자도 분명한 실패 원인이 있다. 많은 회사에서 고성과자의 성공 사례를 들어 교육 자료로 많이 사용하고 있으나 방향은 제시할 수 있으나 성과로 이어지기는 드물다. 각자의 일하는 방식과 사고방식이 다르기 때문일 것이다.

몇 년 전에 은행에서 재미있는 포스터를 봤다. "노후의 나를 지켜 주는 것은 자식이 아니라 연금이다". 이런 내용이었는데 연금 가입을 재치 있게 독려하면서 묘하게 납득이 되어 기억에 남는다. 자동차 판매 시장에서 나를 지켜 주는 '연금'이 바로 '교육'이다. 고객이 필요로 하는 정보를 정확히 파악하고 제공할 때 우리의 '연금'이 비로소 쌓이는 것이다.

부끄러움

"김세진 지점장님이시지요? 저 이○○인데요, 아시겠어요?"

"네? 누구시라고요?"

작년 12월 말 이태원에서 작은 모임이 있어 참석했다가 오는 길에 누군지 모를 한 통의 전화를 받았다. 바람이 세게 불어 잔뜩 웅크리고 걷던 중이었다.

"이○○이오. 이재옥 선생님 소개로 차를 샀던 ○○고등학교 이○○이오."

"아, 네, 안녕하세요. 아, 네네, 선생님."

긴가민가 너무나 기억이 희미하다. 머리를 쥐어짠다.

"안녕하세요, 너무 오랜만이지요? 기억나세요?"

'죄송합니다. 사실 기억이 나지 않습니다.'라고 말하고 싶었으나 도저히 그럴 용기는 없었다. 이제 기억이 난 것처럼 얼버무리고 말았다.

　　　　　　　　　　　　　　나는 매일 새 차를 탄다

"내가 처음 산 차인데 정이 너무 들었다. 연식만 오래됐지 이제 겨우 10만 km 좀 넘었다. 지점장님이 좋은 차를 보내 주셔서 아직까지 잘 타고 있다." 등등 자동차 얘기를 죽 늘어놓는데 나는 그저 "아 네, 그러시지요. 네, 네."밖에 할 말이 없었다. 기억이 제대로 나지 않았기 때문이다. 만났던 것 같기도 하고 아닌 것 같기도 하고 헷갈렸다. 그야말로 안개 속을 헤매는 것 같았다. 하지만 모른다고 할 수가 없어서 "네, 네."라고 장단만 맞췄다.

이삼십 년 세월이란 빈 공백의 어색함을 일상적인 이야기에 자동차를 덧붙여 풀었다. 그러다가 G80이 모양도 예쁘고 평판도 좋아 한두 달 뒤에 바꾸고 싶다고 했다. 혹시 싶어 전화기를 뒤지다 보니 내 번호가 있더란다. 끈질긴 기억이다. 지금은 다른 학교에 있는데 이제 퇴직할 때도 다 되어 가고 차가 낡아서 마지막으로 좋은 차 한번 타고 싶어 전화했단다. 신형이 나오는 걸 알지만 구형 모습이 너무 좋아 마지막에 할인이 많이 되는 걸로 사고 싶다고 했다.

길 가다 말고 골목길에 쪼그려 앉아 메모하며 근 30여 분을 통화했다. 통화를 마치고 이재옥 선생에게 전화를 했다. 이 선생은 내 고등학교 동창이다. 내 친구도 그 시절 스토리를 어렴풋이 알고 있었다. 그때 친구 소개로 선생님이 우리 지점에 오시긴 하셨는데 우리 직원더러 상담하게 했으니 내가 제대로 신경을 못 쓴 것 같다. 반면에 선생님은 생애 첫 번째 차를 구입하는 순간이었으니까 얼마나 설레었을까? 그것도 그 당시 최고의 인기 있는 아반떼였으니. 그때 내가 권했던 색상까지 정확하게 기억하고 있었다.

다음날 출근하여 긴장된 마음으로 이 선생님 차량 구매 이력을 찾아봤다. 1995년에 출고한 아반떼다. 25년이나 되었다. 아, 25년! 이 기나긴 세월 동안 아직도 차를 운행하고 계신 선생님도 고마웠고 버텨 준 아반떼도 고마웠다.

차를 25년이나 탔다면 믿기나 할 것인가. 그때는 선생님도 한창 젊었을 것이고 자동차가 흔하지 않은 시기라 사람도 차도 참으로 예뻤을 것 같았다. 그간 연락도 못하고 지냈는데 더구나 나는 서울에 있는데 아직 나를 기억하고 전화를 주셨구나. 내 휴대폰엔 번호조차 저장이 안 되어 있는데.

너무나 무심했던 내가 미안하기도 했고 고객을 가벼이 여긴 내가 심히 부끄럽기도 했다. 긴 문자 안부를 새로 보냈다. 아니, 감사 문자를. 우리 직원을 통해 카탈로그와 가격표를 보내고 조건 변동이 있을 때마다 연락을 드리겠다고 했다.

오래된 친구와 오래된 포도주가 좋고 오래된 인연이 좋다는 말을 많이 듣고 산다. 그래야만 하는데도 그간 나는 사람을 너무 차를 팔기 위한 수단으로만 보지는 않았는가 하는 생각이 들었다. 경우에 따라서는 저 고객은 이 정도만 해도 되지 않을까 하는 생각도 했다. 어리석은 나의 행동이 몹시도 부끄러웠다.

생텍쥐페리의 『어린 왕자』에 술주정뱅이와의 대화가 나온다. 왜 술을 마시느냐고 묻는 어린 왕자에게 "잊기 위해서"란 대답이 나오고 무엇을 잊으려 하느냐고 묻자 "부끄러움을 잊기 위해서"라고 대답한다. 다시 무엇이 부끄러운지 묻자 "술 마시는 것이 부끄럽다"고 한다. 어린 왕자는 어른을 이해하기 어렵다고 생각하며 길을 떠

나는 매일 새 차를 탄다

난다. 술을 너무 많이 마시는 것을 잊고 싶어서 술을 계속 마신다는 술주정뱅이에게서 한심하고 어리석은 행동을 계속하게 되는 어른들의 모습을 본다. 우리는 차를 더 많이 팔기 위해 고객 관리를 한다. 그러나 아이러니하게도 고객이 필요로 하는 관리가 아니라 나만의 편의를 위해 관리를 하고 있는 것 같다. 고객이 떠나는 줄도 모르고. 그 술주정뱅이가 나일지도 모르겠다는 부끄러운 생각이 든다. 말과 행동으로 고객에게 불쾌감을 주는 게 아니라 방관자적인 무관심으로 고객에게 상처를 주고 있지는 않은지 깊게 반성하는 계기가 되었다. 고객이 떠나기 전에.

이제 다시 이 선생님을 고객 명단에 넣었다. 부끄러운 나의 마음도 함께 넣었다. 어쩌면 선생님도 나도 마지막으로 새 차를 사고 팔고 할지도 모르겠다. 그렇지만 현대자동차의 고객으로는 영원히 남을 것이다. 선생님, 고맙습니다.

작년 알래스카 가족 여행에서 만난 민박집 자동차 액센트

친한 친구

우리는 일생 동안 자동차를 몇 번이나 살 수 있을까?

대략 서른쯤에 첫 차를 사서 5년에 한 번 정도 교체를 하고 대략 80세쯤까지 탄다고 가정하면 어림잡아 10번 내외 차를 산다고 볼 수 있다. 이보다 더 많을 수도 있고 적을 수도 있지만 10번이라도 결코 적은 횟수가 아니다.

이렇게 여러 번 차를 사는데 살 때마다 다른 회사 차를 산다거나 살 때마다 카마스터가 바뀐다면, 변화가 있어 좋을 수도 있겠지만 개인 정보 노출 등 불편을 감수해야 할 부분도 의외로 많을 수 있다. 반면 한 카마스터와 평생을 함께 가는 고객도 있다.

그러면 카마스터는 왜 필요할까? 카마스터는 회사와 고객을 이어 주는 커뮤니케이션 기술, 자동차에 대한 전문적인 지식, 판매 업무 등 능숙한 상담 기술을 가지고 있다. 그렇기 때문에 고객이 차를 선택하는 데 직접적인 영향을 미칠 수도 있으며, 그렇지 않더

나는 매일 새 차를 탄다

라도 때로는 적잖게 도움을 줄 수도 있다. 적어도 차를 운행할 동안은 카마스터와 가깝게 지내는 것이 좋지 않을까 생각한다.

몇 달 전 우리 지점으로 지점장님을 만나러 왔다면서 한 젊은이가 왔다. 갑자기 들어온 터라 누군지 잘 몰라 내가 엉거주춤 하니까 공손히 인사를 하더니 "구 교장선생님 아들, 구본석입니다."라고 했다.

"아, 너냐?" 악수를 하며 반가이 맞았다. 대학 친구 아들이다.

젊을 때는 애들을 데리고 서로 집을 왔다 갔다 하며 지냈으나 요즘엔 어른들만 다니니 얼굴을 못 알아보는 게 당연했다. 10살 정도 어린애였을 때 보고 서른이 넘어 찾아왔으니 20년도 훨씬 더 지났다. 그렇다고 하니 아는 거지, 길거리에서 만나면 지나쳐도 못 알아볼 거다.

며칠 전 친구에게 전화가 왔다. 의사 인턴 하는 아들이 차를 사고 싶다 하기에 쉬는 날 나를 찾아가 보라 했단다. 전화만 해도 될 걸 병원 일도 바쁠 텐데 고맙게도 일부러 시간 내어 지점까지 왔다. 개구쟁이 장난꾸러기가 어엿한 의사로 성장한 모습이 듬직해 보였다.

요즘 젊은 친구들은 전시장에 오기 전에 인터넷을 통해 자기가 필요한 차종과 사양을 대부분 다 정해서 온다. 다른 차종과 충분히 비교해 보고 오기 때문에 그 차에 대해서는 우리 직원보다 더 다양하게 아는 경우가 허다하다. 정보도 빨라 누구는 뭐를 해 준다더라, 누구는 뭐를 받았다더라 하는 소문을 듣고 오면 상담하기가 여간 힘든 게 아니다. 맞는 정보도 있겠지만 그렇지 않은 것도 많기 때문이다.

친구 아들도 이미 마음을 정하고 왔기 때문에 길게 설명할 부분이 없었다. 대부분은 당직자와 상담하게 하고 나는 그저 옆에서 조금씩 거들기만 했다. 만약 내 아들이 차를 산다면 어떤 모습으로 상담할까 하는 생각을 해 보았다.

친구 아들을 보니 지나간 세월이 겹쳐 보였다. 친구도 고객이요 그 아들도 내 고객이 되었다. 아버지에 이어 아들에게까지 대를 이어 차를 팔게 되니 보통 인연이 아니다. 가만히 생각해 보니까 친구 아들이 차를 사러 오고, 내 아들 친구도 차를 사러 온 적이 있었다. 마을과 마을을 이어 주는 것이 길이라면 자동차는 사람과 사람을 오랜 세월 동안 함께 잘 살아갈 수 있도록 이어 주는 삶의 동반자라 할 수 있겠다.

카마스터와 고객과는 친절하고 인간적인 관계가 연결 고리다. 고객 입장에서도 맨 처음 차를 사는 곳이 중요하다. 특히 만나는 카마스터가 중요하다. 인간적인 관계가 좋아야 정보도 많이 얻는다. 눈치가 빠르면 절에 가서도 새우젓을 얻어먹는다고 했다.

요즘에는 서로 경쟁이 치열하다 보니 각 자동차 회사마다 무슨 무슨 이벤트가 많다. 잘만 찾아보면 매달 새 차를 내 차처럼 이용할 수도 있다. 명절이나 휴가철 같은 때도 며칠씩 새 차를 내 맘대로 가지고 다닐 수 있다.

이 모든 것을 가능하게 하는 것이 카마스터의 역할이다. 그들과 잘 친해 보자. 차 살 때 얼굴 붉히며 몇 가지 더 얻는 것보다 훨씬 더 많은 혜택을 가져다줄 것이다. 자동차 회사에서 날아오는 문자나 메일도 한 번쯤은 제대로 볼 필요가 있다. 무시하고 지워 버려 그렇지, 그 속에는 음악회 티켓도 있고 뮤지컬 티켓도 있다. 물론 공짜다. 적어도 현대자동차에서 고객에게 바가지를 씌우지는 않는다.

더 오래 머물수록 빛나는 가치, 투싼

교수님

요즘 G80이 인기다. 첫날에 무려 22,000대가 계약되었을 만큼 폭발적인 관심을 끌고 있다. 하루에 1년 판매치가 계약된 것이다. 입력 시간이 다르고 당연히 그 다른 순서에 의해 계약 순서도 정해졌다. 전국 800여 개 영업장에서 동시에 입력하다 보니 초 단위로 순서가 세워졌다. 그 초 단위의 순서가 실제 출고가 되기까지는 경우에 따라서 한 달 이상이 차이 날 수도 있었다. 계약을 한 고객도 계약을 받은 카마스터도 빨리 출고하고 싶은 건 마찬가지다. 미리 사전 계약을 했는데 차가 안 나온다며 독촉하는 고객 전화가 매일 이어졌다. 마냥 행복하다고만은 할 수 없는 출고 독촉을 받느라 직원들도 나도 힘들었다.

Y대 교수님도 G80을 계약했다. 대략 4월 말쯤 차가 나올 것이라 예상한 교수님이 자신이 타고 있던 중고차를 덜컥 팔아 버렸다. 하

나는 매일 새 차를 탄다

지만 자신이 예상한 그날에 차는 나오지 않았다. 교수님은 하루가 멀다 하고 K 카마스터에게 전화를 했다. 출고가 되는 날짜를 정확히 알려 달라고 했지만 누구도 정확한 날짜를 알려 주지 못했다. K는 너무 시달렸다.

그러던 중, 자신보다 늦게 계약한 다른 직원의 고객 차가 먼저 나온 것을 알았다. '순서대로 계약 입력을 하지 않은 건 아닌가?' 여태껏 고객에게 시달렸던 게 생각나 화가 치밀어 올라 한참을 따지고 드는 통에 지점 여직원은 울고 말았다. 감정이 실리니 좋은 말이 나갈 수가 없었다. 일단 K를 안정시켜야 했다.

"K 차장님, 잠시 이쪽으로 앉으세요. 나하고 얘기 좀 합시다."

나도 내 기분을 최대한 가라앉히고 조용히 말을 꺼냈다.

"왜 계약이 순서대로 입력되지 않았는가? 그건 이렇습니다. 우리 지점에서만 사전 계약이 35대입니다. 이를 가능한 한 빨리 입력해야 하는데 여직원 한 사람이 입력하는 것보다는 운영 팀에서 도와 두 사람이 같이 입력하면 시간이 반으로 줄겠지요. 지점 전체 고객을 생각하면 조금이라도 빨리 입력하는 것이 고객을 위하는 길이지 않겠습니까. 그래서 내가 두 사람이 나눠서 입력하라고 했습니다."

"그렇더라도 이 건은 너무 늦습니다."

조금 진정된 K에게 차근차근 부연 설명을 했다.

"두 사람이 반을 나눠 입력하다 보니 전체적인 입력은 빨리 했지만 지점 내에서는 순서가 바뀔 수도 있었던 것입니다. 그리고 고객의 선호도에 따라 먼저 입력해도 특이 사양을 선택하면 출고가 늦어지는 게 당연하지요?"

"그건 알고 있습니다."

"교수님도 그런 상황입니다. K차장님이 이런 상황을 정확히 알았더라면 교수님께 좀 더 확실하게 대처를 할 수 있었을 것이라 생각합니다. 자, 이제부터는 왜 순서가 바뀌었냐고 따질 것이 아니라 어떻게 하면 고객의 불만을 없앨 것인가에 힘을 모아 봅시다. 필요하면 내가 그 교수님한테 전화해서 직접 설명 드리겠습니다."

"그럼 그렇게 해 주십시오. 제가 먼저 교수님한테 전화해서 지점장님이 곧 전화 드릴 거라고 말씀 드리겠습니다."

여태껏 찌푸렸던 K의 얼굴에 생기가 돈다. 전화가 연결됐다. 교수님은 처음엔 점잖게 말을 하더니 이내 속사포로 그간의 얘기를 늘어놓았다. 무작정 조금만 더 기다리라고만 하니 회사도 담당자도 도대체 믿을 수가 없다고 했다. 이 점에 대해서는 분명히 사과 드리고 해명도 했다. K에게도 미안했다. 지금 상황에서는 누구도 기다려 달라는 말 외엔 할 수가 없었던 것이다. 나는 화가 난 교수님에게 조금 더 이해하기 쉽게 설명을 해 드렸다.

"교수님, 교수님보다 늦게 계약한 고객이 먼저 출고한 경우도 간혹 있습니다. G80은 사양을 다 조합하면 10만 가지 이상의 경우의 수가 생깁니다. 그래서 어떤 사양은 바로 출고할 수 있는 것도 있습니다. 물론 내 맘에 100% 드는 것은 아니겠지만 옵션 선택의 폭을 넓히면 지금 바로 가능한 것도 있습니다."

바로 출고할 수 있는 차도 있다는 내 말에 깜짝 놀란 교수님이 되물었다.

나는 매일 새 차를 탄다

"그런 경우도 있나요? 그럼 내가 어떤 선택을 해야 차가 바로 나옵니까?"

자동차는 이런저런 사유로 고객이 다른 차종으로 바꾸거나 포기하는 경우 그대로 하치장에 재고로 남는다. 여기서 재고라는 것은 일반적으로 생각하는 팔다 남은 물건이 아니라 바로 출고할 수 있게끔 준비 완료되어 있는 차를 말한다.

다행히 교수님은 차량 색깔이라든지 옵션 사양에 있어서 자신의 선택을 고집하지 않았고, 또 출고 가능한 차를 말해 주면 아내와 상의해 결정하겠다며 선택의 폭을 많이 넓혀 주셨다. 이런 경우는 일하기도 편하다. 이후 며칠간은 나도 여직원도 출고 가능한 교수님 차를 찾느라 전국에 있는 하치장을 다 뒤졌다. 하루라도 빨리 마음에 드는 차를 확정 지어야 고객 불만이 없어지고 나도 편할 것 같았다. 교수님이 근무 시간일 때는 통화가 어려워 문자로 주고받으려니 시간도 많이 걸렸다. 사양이 맞으면 컬러가 맞지 않고 컬러가 맞으면 가격 차이가 너무 컸다. 또 부인과도 상의해야 했기 때문에 시간은 더 걸렸다. 하도 통화를 하니까 이젠 교수님 목소리가 친구처럼 너무 익숙해졌다. 웃으면서 통화하고 사양이 안 맞으면 다시 연락하기로 했다.

"아이쿠 교수님, 다시 찾아보고 전화, 아니 문자 드리겠습니다."

"네, 그러십시오. 하하하."

이런 노력이 통했을까. 거의 일주일 동안 하루에도 몇 번씩 통화하고 문자를 보낸 후에야 어느 정도 마음에 드는 차를 맞춰 출고할 수 있었다.

특별함을 아는 당신에게, G80

자동차에는 선택할 수 있는 많은 사양이 있는데 사람에 따라서 꼭 필요한 것도 있고 없어도 그만인 것도 있다. 여기서 카마스터의 역할이 중요하다. 대기 시간이 길어질수록 마냥 기다리라고 하기보다는 회사 사정을 알려 주고 고객의 선택을 조절하는 능력을 발휘할 때다.

고객은 우리의 실수에 대해 화내지 않는다. 다만 정확한 정보를 알려 주지 않는 것에 대해 섭섭해한다. 고객은 자주 연락해 주고 관심을 가져 주는 것을 기대한다. 가끔씩 교수님이 다니는 대학교 옆을 지날 때마다 빼곡히 늘어선 주차장을 훑어본다. 혹시 그 교수님 차가 저기 있을까 싶어서.

나는 매일 새 차를 탄다

새 차 타는 일등 사원

주차 위반

날씨가 더워지면서 몸이 나른해지고 하루가 지루하게 느껴져 분위기를 바꿀 수 있는 판촉을 생각해 보았다. 차를 가지고 나가 사람들의 이동이 많은 곳에서 전시 판촉을 한번 해 보면 어떨까 싶었다. 그래 한번 시도해 보자. 직원들과 상의한 결과, 일주일 후 점심시간을 이용하여 신형 코나를 가지고 나가 판촉을 하자는 결론이 나왔다. 본부의 협조를 얻어 판촉을 할 차량도 두 대 지원받기로 했다.

인원 구성과 어떻게 판촉을 할 것인지 세부 계획을 짰다. 사전 미팅을 통하여 L과 I 두 카마스터와 마침 우리 지점에 파견 근무 나왔던 신입 여직원도 동참하기로 했다. 판촉 하루 전에 명함과 카탈로그, 배너를 준비하고 고객에게 나눠 줄 간단한 판촉물도 준비했다. 물티슈와 건빵 등을 준비하고 스티커를 붙여 봉투에 담았다. 특히나 현장 사진을 인스타그램에 올리면 텀블러도 한 개씩 주기로 했다. 이 아이디어는 신입 직원이 제안했다. 좋은 의견이었는데

나는 매일 새 차를 탄다

인스타그램을 하는 우리 직원이 없어 할 수 없이 인스타그램 교육부터 받았다.

마포에는 크고 작은 회사가 많아 점심때는 회사원들이 길을 가득 메운다. 우리는 눈에 잘 띄는 샛노란 쏘나타와 빨간 코나를 끌고 나가 사람들이 많이 다니는 길목에 주차하고 볼륨 높여 음악도 틀었다.

예상대로 지나가는 사람들이 큰 관심을 가지며 둘러보고 타 보며 자동차를 배경으로 사진 찍는 등 대성황을 이루었다. 무심코 지나가다 무슨 일인가 싶어 기웃거리기도 하고 나눠 주는 판촉물을 고마워하기도 했다. 특히 텀블러는 인기가 많아 자동차 사진을 자신의 인스타그램에 올리는 사람들이 많았다. 나이가 많으신 분들은 이런 건 어떻게 하냐고 묻기도 했는데, 물론 이런 질문의 답변은 신입 직원이 전담으로 맡아 해야 했다. 여러 사람을 상대로 하나하나 천천히 알려 드리느라 눈코 뜰 새 없었지만 그래도 재미있고 즐겁게 가르치고 배우고 했다. 신입 직원 덕분에 SNS 올리는 방법을 바로 알려 줄 수도 있어서 고객들의 반응도 좋았고 분위기도 좋았다. 이렇게 SNS에 올리는 법을 배워 텀블러를 받은 초보자들은 한결 더 좋아하는 것 같았다. "현대자동차 고맙습니다!"를 연발했다.

텀블러 준다는 소리에 되돌아와 사진을 찍어 올리고 받아 가는 사람들도 있었고, 그냥 하나 주면 안 되냐고 애교스럽게 부탁하는 할머니도 있었다. 텀블러가 인기 있는 건지 코나가 인기 있는 건지

인스타그램에 올리기 위해 현장 사진을 찍는 사람들

는 잘 모르겠다. 넉넉하게 준비한 판촉물 200개가 한 시간도 안 되어 동이 났다. 그래도 차를 보는 사람이 많아 한참 동안이나 더 골목길 전시를 했다. 차량 설명에 인스타그램 교육까지 덧붙이니 짧은 점심시간이 훌쩍 지나가 버렸다. 구입 상담까지 요구하는 고객들은 연락처만 받고 다시 약속을 잡아 상담하기로 했다. 이런 고객들도 꽤나 많이 만날 수 있었다. 판촉의 효과이리라. 이런 맛에 판촉을 하는 거지.

땀은 좀 흘렸지만 고객의 반응이 좋아 힘든 줄 모르고 의욕적으로 기분 좋은 판촉을 할 수 있었다. 신입 직원은 이런 판촉은 처음 해 본다며 재밌어하고 또 적극적인 고객들의 반응에 놀라워했다. 처음 보는 사람들인데도 의외로 친절하게 대해 주더라며 이런 기회가 있으면 또다시 나오겠다고 좋아했다. 마포 지점에서의 파견

나는 매일 새 차를 탄다

근무가 잊을 수 없는 추억이 되었다.

신차가 나오면 궁금해 하는 사람이 의외로 많다. 그리고 초기에는 모든 전시장에 다 전시가 되는 것도 아니기 때문에 시승차를 갖고 나가면 많은 관심을 끌 수 있다. 가만히 앉아서 고객을 기다리기에는 세상 사람들이 너무 바쁘다. 때와 장소를 잘 물색하여 순간적 판촉을 하면 그 효과가 매우 높아짐을 몸으로 체험할 수 있었다.

마포대로에서 40년을 버티고 있었지만 아직도 지점이 어디에 있냐고 묻는 사람이 많다. 나를 알리고, 지점을 알리고, 영업의 세계는 내가 가진 상품에 대해 널리 제대로 알리는 게 첫걸음이다. 판촉 활동을 통해서 직원들과의 하나 된 소통은 직장 생활의 커다란 활력소가 된다.

회사에서 하는 광고가 우리 회사의 브랜드나 이미지 구축을 위한 장기적인 목표라면 지점에서 하는 판촉 행사는 단기적인 판매 향상에 도움이 된다. 굳이 실적으로 올라오지 않더라도 직원들과 함께하는 판촉의 경험과 목표 의지는 확인할 수 있어 다음번의 시도에 도움이 될 수 있다. 한 번으로 큰 성과를 낼 수 있는 건 운에 맡기는 도박밖에 없다. 회사와 인생을 운에 맡길 수는 없지 않은가.

가끔은 바로 효과도 없는 그런 판촉을 해서 뭐하느냐고 묻는 사람이 있다. 우리가 무엇을 하기 위함이라는 것에 대한 정답은 없다. 그렇게 묻는 사람은 자신이 쓸모없는 퇴물이 되는 줄도 모르고 다른 사람만 비판하는 사람이다. 다른 사람의 결함을 발견하는 능력은 있는데 오직 자신의 그것만 몰라본다. 적극적인 인생에 헛수고란 없다. 노력은 배신하지 않는다. 모든 것이 변하고 불확실하더라도 가만히 멈춰 서 있는 것보다는 내가 하는 일이 현재 시점에서는 아무런 쓸모없어 보여도 나중에 주목받을지 누가 아는가. 그저 표면으로 나타나지는 않지만 잠재력을 가지고 묵묵히 성장 중이라 생각하자. 애써 판촉 행사에서 얻은 소중한 고객 정보를 내 고객으로 만들 수 있다면 오늘 하루도 적극적인 인생을 산 것이라 생각된다. 그렇지만 앞으로는 코로나19 이슈로 인해 언택트(Untact) 판촉을 어떻게 해야 하는지에 대해 더 많이 고민해야 될 날이 온 것 같다.

한 달이 좀 지났을까? 웬 낯선 쪽지가 내 책상 위에 놓여 있었다. 가만히 보니 주차 위반 딱지였다. 판촉을 하던 날 지나가던 누군가가 인도에 차를 올려놓았다고 사진을 찍어 신고를 한 모양이다. 하기야 사람들이 많이 오가는 복잡한 점심시간에 차를 두 대나 주차하고 여러 사람들을 모았으니 불편하게 느끼는 사람도 있었겠다. 꼼짝없이 과태료를 냈다. 그것도 두 대를 한꺼번에. 점심시간 판촉인데 웬만하면 좀 봐 주지.

판매왕의 선물

"지점장님, 지금 나가면 되지요?"
"그럽시다. 나갑시다."

K 카마스터와 약속을 하려면 며칠 전부터 시간 조율을 해야 한다. 고객과의 약속이 늘 이어져 있어 나한테까지 돌아올 여유가 없다. 성실하고 일도 잘하여 지점 실적 향상에 일등공신이다.

어떻게든 격려해 주고 싶었고 사적인 애기도 하고 싶었다. 겨우 막걸리 한잔하려고 서로 시간을 맞춘 게 오늘이었다. 간신히 고객 약속이 빈 틈을 찾아 K와 만났다.

"제가 가져온 이거 먼저 한 잔 드셔 보십시오. G막걸리인데 시중에서는 잘 살 수가 없고 일부러 주문해서 가져온 겁니다."
"어떤 막걸리이기에 시중에서 살 수도 없다는 말인가. 그런 막걸리도 있나?"

호기심에 막걸리 병을 다시 한번 들어 라벨을 보았다.

"가격도 1만 원이나 합니다."

"무슨 만 원짜리 막걸리가 있어?"

"나름 유명한 술입니다. 맛이나 한번 보시지요."

병을 들어 따르는데 침전물이 전혀 없어 흔들 필요가 없단다.

"제가 고객님들에게 판촉용으로 한 병씩 선물하고 있는 겁니다. 일반적인 판촉물보다는 그래도 좀 특이한 것으로 드리면 한 번 더 저를 생각해 주시더라고요."

그러고는 그 지방의 특산품인 이 막걸리의 내력에 대해 자세히 설명했다.

"K부장 실적이 그렇게 좋은 건 부지런한 거 말고 뭔가 다른 점이 있을 거라 생각했는데 바로 이런 거였군요."

영업하는 사람들은 나름의 개인 판촉물을 준비해 고객을 방문한다. 부담 없는 볼펜이나 문구류 등 여러 가지가 있는데 대부분의 영업인들의 판촉물은 거의 비슷하다. 자신만의 특성을 나타내지 못하는 이유다. 영업을 잘하는 사람들을 보면 성실하고 일도 잘하지만 다른 사람들과는 구별되는 판촉물을 가지고 다닌다. 판촉물을 보면 그 사람이 생각나도록 하여 고객에게 확실한 자신의 이미지를 각인시켜 주는 것이다. 비싼 물건은 준비하는 사람도 받는 사람도 부담스럽다. 가볍게 주고받을 수 있으며 나를 오래도록 기억할 수 있는 것으로 준비할 수 있으면 좋다.

명절이 다가오거나 귀한 고객과 상담하러 가려면 제품 설명은 물론이거니와 가벼운 선물을 준비해 가는 게 우호적인 상담 분위기 조성에 도움이 된다. 그렇지만 이런 선물을 준비하기엔 여간 신경 쓰이는 게 아니다. 귀하고 고마운 고객 분께 예의상 그냥 갈 수도 없고, 그렇다고 방문할 때마다 비싼 것을 가져갈 수도 없어 다들 고만고만한 것을 형식적으로 준비한다.

하지만 우수 카마스터는 좀 다른 것으로 준비한다. 내가 아는 어떤 카마스터는 미역이나 다시마를 고객 선물로 준비한다. 바닷가가 고향이라 친지에게서 구입하니 가격도 싸다. 친척 물건 팔아 주어 좋고 고객은 품질 좋은 산지 물건을 직접 받아먹을 수 있어 서로가 좋다. 고객 만족도가 높을 수밖에 없다.

또 다른 카마스터는 국수를 선물로 준다. 이 국수 역시 마트에서 사는 평범한 게 아니라 지방 유명한 곳에서 만든 것을 직접 택배로 주문을 하여 고객을 만날 때 선물한다. 이때도 이 국수의 내력에 대해 설명을 하고 고객에게 전달하니 고객이 얼마나 고마워할 것인가. 국수가 비싸 봐야 얼마나 하겠나. 하지만 받는 사람은 내력 있는 그 지방의 유명 국수를 먹게 되니 이 카마스터를 절대 잊을 수가 없다. 어디 이뿐만 있으랴. 내가 잘 모르는 다른 판매왕들의 특이한 선물 종류도 엄청 많을 것이다.

막걸리나 미역, 그리고 국수를 판촉 방법으로 사용하는 카마스터들처럼 판촉물도 투자다. 조금만 더 고민해 보자. 비싼 것만이 고객의 호감을 사는 건 아니다. 내가 조금만 더 번거로움을 감수하면 된다. 기왕 투자하는 김에 나를 오래도록 기억해 줄 물건으로 준비하는 게 다른 카마스터와 차별성을 만드는 길이다. 이 차별성이야말로 내 일에 대해 롱런할 수 있도록 만드는 최선의 방법이다.

지점에 근무하다 보면 어떤 직원들은 고가의 판촉물을 주면서도 빼앗기듯 하고 어떤 직원들은 얼마 하지 않을 것 같은 선물만으로도 고객이 고마워하는 경우를 볼 수 있다. 사실 자동차 판매 시장에서 서비스란 이름의 선물은 마음의 표현이라는 상징을 넘어 받지 못하면 손해라는 인식이 널리 퍼져 있기 때문에 왜 이런 차이가 나는지 더욱 궁금해졌다. 그러나 나의 큰 기대치와는 달리 판매왕의 선물은 가격이 아니라 정성과 성의라는 것에서 다른 사람들과 차이가 났다. 준비하는 선물의 품목도 차이가 날 뿐 아니라 전달할 때도 고객이 차를 사는 시점이 아니라 명절이나 결혼기념일 등 어떤 기억될 만한 날에 선물을 한다는 점이다. 이렇듯 고객이 전혀 예상치 못한 순간의 조그만 정성은 사람의 마음을 움직이는 큰 힘을 가지고 있다. 어차피 써야 할 돈이면 고객이 기억이 날 정도의 적절한 타이밍과 새로운 것이 좋다. 세심한 작은 정성의 차이가 판매왕이 될 수 있는 차별화된 경쟁력을 가져다주었다.

그날 저녁 맛보기로 마신 귀한 막걸리는 한 병에 불과했지만 몇 병을 마신 그 이후의 막걸리보다 훨씬 더 감흥이 깊었다.

서로의 건배 잔을 연거푸 부딪치면서 판매왕에게서 배우는 또 하나의 노하우를 얻어 기분 좋게 취했다. 막걸리 한 잔이 이런 좋은 분위기를 만들어 주는구나. 귀한 판매왕의 노하우를 선물받은 날이 되었다.

남들과는 다른 판매왕의 선물

나침반

어떤 행사를 할 때 사람을 모을 요령으로 다트를 한다. 표적에 맞히면 선물을 주는데 내 의지와는 관계없이 재수 좋으면 상품을 받는다. 던지는 사람도 다들 그런 줄 안다. 정확한 방향을 잡기 위한 나침반이 있다. 특히나 바다나 하늘을 나는 데는 절대적으로 필요한 물건이다. 흔히 인생도 방향을 제대로 잡으라는 의미로 나침반에 비유하기도 한다.

자동차 판매는 다트보다는 나침반을 추구해야 한다. 요행을 바라서는 영업을 잘할 수가 없다. 매일 고객을 만나는데 그 고객이 내가 파는 자동차에 관심을 가지고 있는지 없는지도 모르면서 재미 삼아 운에 맡길 수는 없는 것이다. 물론 고객을 확보하기 위해서는 다양한 부류의 사람들을 많이 만나 판촉을 해야 하지만 이것도 제대로 방향을 정해서 만나야 한다.

나는 매일 새 차를 탄다

요즘은 시대가 너무 빨리 변한다. 코로나19로 인해 변화 속도는 더 빨라졌다. 이 시대에는 어떻게 판촉해야 할까? 찾아오는 고객과 잘 상담해서 판매할 수도 있지만 이렇게 해서는 미래가 없다.

예를 들어 어떤 여성 고객이 처음으로 아반떼를 구매하고자 전시장에 들렀다고 치자. 그런데 이 고객은 자동차에 대한 지식도 구매 방법도 잘 모른다. 어떻게 상담을 하면 좋을까. 물론 하나하나 설명해 가며 계약을 할 수도 있지만 이렇게 하면 시간도 많이 걸릴 뿐 아니라 고객도 자신의 선택에 대해 확신할 수가 없을 것이다. 한 번 사면 몇 년을 타야 할 자동차인데 이런 식으로는 팔아서도 구입해서도 안 된다.

이렇게 해 보자. 지금까지 아반떼를 구입한 고객들의 성향을 분석한 자료를 보여 주면 어떤가. 가장 많이 선택한 인기 모델은 어떤 것인지, 무슨 사양을 많이 선택했는지, 인기 있는 색상은 무엇인지. 여성, 남성, 연령대별로 선택의 차이가 있는지를 나타내는 자료를 고객에게 보여 주고 선택하라 하면 결정도 훨씬 빠르고, 고객 또한 자신의 선택에 안심하고 계약할 수 있을 것이다.

실제로 현대자동차에서는 카마스터가 고객과의 상담 과정에서 활용할 수 있는 구매 베스트 팁을 제공하고 있다. 특정 차종에 대해 일정 기간 동안 구입한 고객들의 정보를 분석한 자료를 제공하여 고객의 선택을 도와주는 시스템이다. 카마스터가 단순한 판매자에서 고객의 선택을 도와주는 조력자 역할을 할 수 있도록 해 준다. 이런 카마스터는 오랫동안 고객의 선택을 받을 수 있을 것이다. 고객도 상담에 대한 거부감을 느끼지 않을 것이며 오히려 고마워할 것이다. 데이터의 힘을 빌려 카마스터도 고객도 정확한 방향을 찾을 수 있기 때문이다.

현대자동차에서 연간 수백 대씩 판매하는 판매왕의 대부분은 자신만의 정확한 목표 고객이 있다. 한 대 한 대 판매하는 개인택시를 연간 200대 이상씩 판매하기도 하고, 큰 기업이나 기관에 한꺼번에 수백 대씩 파는 직원들도 있다. 이들의 공통점은 관리하고 있는 이 특정 고객층에 자신의 모든 역량을 집중한다는 것이다. 고객이 필요로 하는 차종에 대한 탁월한 제품 지식은 물론이거니와 고객의 구매 시점까지 정확히 알고 있다. 어떻게 그 많은 고객과 차량의 대차 시기까지 알 수 있을까. 역시 CRM이다. 고객에 대한 모든 것이 CRM 속에 있기 때문에 정확하고 예측이 가능한 영업을 할 수 있다.

Y 카마스터도 그렇다. 사업장이 전국에 걸쳐 있는 H사 차량을 판매하는데 업체 관리 능력이 놀랍다. H사에 관한 뉴스 기사는 물론이거니와 가십 거리나 인터넷 댓글 확인 등 그 회사에 관련된 모든 정보를 수집한다. 일과 시간의 모든 활동의 초점이 H사에 맞춰져 있다. 경기 흐름이나 차량 구매 시 캐피털 금리까지 비교하여 구매하는 데 도움이 되게 한다. H사 차량 담당자가 할 일까지 미리 다 챙겨 주니 Y를 찾지 않을 수 없다. 편하고 빠르고 정확하기 때문이다.

지금까지의 자동차 판매는 자신의 경험과 감성 위주의 인간관계로 다소 느슨한 영업을 해 왔다면, 이제부터는 데이터에 의한 과학

나는 매일 새 차를 탄다

적 방법을 통해 정확성을 추구하는 실용적인 영업 방향으로 나아가야 할 것이다. 그렇지만 걱정할 것 없다. 모든 문명의 이기가 그러하듯 익숙해지면 훨씬 효과적이고 효율도 높아진다.

우리는 의식하든 아니든 빅 데이터(Big Data) 시대에 살고 있다. 어마어마한 규모의 데이터를 효과적으로 분석해 주는 CRM은 앞으로도 우리를 고객이 필요로 하는 카마스터로 남게 해 주는 핵심 자원으로 기여하게 될 것이다. 고객의 변화를 읽을 수 있는 데이터를 통해 세상이 어떻게 돌아가는지를 정확히 볼 수 있는 눈, 이것이 카마스터가 가질 나침반이다.

일도 휴식과 함께, 캠핑카 포레스트

잘 파는
사람

회사에서 인정받고 승진하려면 많이 팔아야 한다. 어쨌든 회사에서는 그래프로 나타나는 숫자에 의해서 순위가 결정되고 능력이 결정된다(고 믿는다). 특히나 영업 세계에서는 매월 나타나는 숫자가 회사 생활의 전부라고 해도 과언이 아니다.

인천의 한 지점에서 근무했을 때다. 어느 날 H 카마스터가 지점장실에 들어와 불만이 있는 고객 얘기를 했다. 이번에 산 자동차의 엔진 소음이 너무 심하다는 것이다. 블루핸즈(현대자동차 지정 정비 센터)에 입고하여 점검을 해 봐도 이상이 없었다. 그래도 고객은 소음이 심하다며 적절한 조치를 해 달라고 계속 조른다고 했다.

"한 번 더 입고시켜 고객 보는 앞에서 점검을 해 보는 게 어떻겠나?

"그래 봤자 소용없습니다. 왜냐하면 이 고객은 비행기 조종사인데 소음에 너무 민감해서 우리가 어떤 조치를 해 줘도 소용이 없을

나는 매일 새 차를 탄다

겁니다."

그리고 이어지는 다음 말에 나는 까무러칠 뻔했다.

"이런 고객은 내치는 게 좋을 것 같습니다."

"응? 그게 무슨 소린가?"

깜짝 놀라 되묻는 나에게 H는 단호하게 말했다.

"어차피 까다로운 고객이니 끌고 가 봐야 저만 피곤합니다. 소음이 크다는 것은 고객의 주관적인 생각이라 간단히 해결될 문제도 아니잖습니까?"

"그럼 내칠 고객이면 그냥 내치지 왜 나한테 얘기하는가?"

"고객이 지점장님한테 전화할 것 같으니 미리 아셔야 할 것 같아서요."

"그렇지만 고작 한 번 정비 공장에 가 보고 고객을 버린다는 것은 너무 심하지 않나? 아직 다른 불만도 제기하지 않은 상태이지 않은가?"

오히려 내가 우리 직원을 설득하는 상황이 되어 버렸다.

나는 고객을 내칠 수가 없다. 절대로 그럴 수 없다. 대응 준비를 했다. 요즘 고객들은 무척 예민하다. 완벽한 자동차를 원하는 고객의 눈높이가 높아졌다고 할 수 있다. 사실 세계 시장에서 경쟁하는 현대자동차에 대한 고객들의 기대치는 이미 최고 수준에 올라 있다. 세계 최고의 메이커들과 같은 반열에 올려놓고 보기 때문에 조그만 실수도 용서하지 않는다. 다시 보면 이런 세심한 고객 덕분에 우리 회사가 글로벌 자동차 메이커로 발돋움해 올 수 있었던 것도 사실이다.

아니나 다를까. 다음날 H가 말한 그 고객에게서 전화가 왔다. 현대자동차가 이런 식으로 차를 파느냐면서 소비자 보호원에 고발하겠다고 난리를 쳤다. 펄펄 뛰는 고객을 사정하여 진정시키고 겨우 다시 약속을 잡아 블루핸즈에서 점검을 했다.

고객과 같이 진단기로 점검하고 시운전도 했으나 별 이상이 없었다. 고객이 직접 눈으로 봤으니 더 이상 컴플레인을 제기하기도 어려웠다. 소리에 예민한 고객이 처음 차를 받았을 때부터 이상한 소리가 난다고 생각했기 때문에 시동만 걸면 엔진 소리가 정상이 아닌 것처럼 들린 것이다. 결국 정비 주재원과 같이 고객이 보는 앞에서 점검을 하고 같이 시운전하며 고객의 궁금증을 들어준 것이 주효했다.

"나는 비행기 조종사인데 늘 엔진 소리에 귀 기울입니다. 잘못되면 큰 사고가 날 수도 있기 때문인데 이런 제 습관 때문에 자동차에까지도 너무 민감하게 반응했던가 봅니다."

많이 파는 것보다 더 중요한 것은 잘 파는 것이다. 백 사람에게 한 대씩 파는 게 나을까, 한 사람에게 백 대를 사도록 하는 게 나을까. 나는 고객으로 하여금 사게 만드는 능력이 잘 파는 것이라고 생각한다. 파는 기술은 어쩌면 곧 인공 지능에게 빼앗길지도 모른다. 피자 가게에서 똑똑한 로봇이 주문을 받는다면, 단순 판매직으로 근무할 사람은 필요 없게 된다. 지금도 커피나 햄버거의 주문은 자동 주문 기계로 받는 곳이 많다. 하지만 피자를 먹을 생각이 없는

나는 매일 새 차를 탄다

사람을 설득하여 피자를 사게 만드는 일은 사람만이 할 수 있다.

자동차를 만드는 메이커도 손으로 꼽을 수 없을 정도로 많고 이를 판매하는 카마스터는 더 많다. 다시 보면 그만큼 차 한 대 팔기가 어렵다는 것일 수도 있다. 어지간히 해서는 고객의 눈길조차 받기 어렵다.

언젠가는 자동차도 인터넷으로 사고파는 것이 보편적이게 될 날이 올지도 모르겠다(이미 우리나라에도 이런 시스템이 들어와 있지만). 그렇지만 잠재 고객을 설득하여 차를 사도록 하는 일은 사람만이 할 수 있다. 그래서 잘 팔 수 있는 능력을 가진 카마스터가 필요하다. 중요한 현재와 다가올 미래도 동시에 다 볼 수 있는 시각이 필요한 때다.

현대자동차의 서비스 파트너, 블루핸즈

주도권

"오늘도 실적이 없는 거야? 도대체 언제쯤이면 제대로 할 수 있겠나? 이번 달까지도 실적이 지지부진하면 회사 생활 다시 생각해 봐."

서슬이 시퍼런 팀장이 신입 사원 Y 카마스터를 몰아붙이고 있다. 그도 그럴 것이 다른 입사 동기들은 미흡하나마 제자리를 찾아가고 있는데 유독 Y만 아직 헤매고 있었다. Y는 기분이 상하는 것은 물론이요 모든 것을 다 때려치우고 싶다는 생각이 자주 들었다. 그러면 그럴수록 판매는 더 위축되고 몸은 더 움직이기 싫은 악순환이 계속됐다.

그러던 어느 날, 우연히 특이한 형태의 판매를 하는 선배가 보였다. 공장에서 출고한 차를 특장 업체라는 공장에 넣었다가 다른 부품을 달아 다시 출고하는 것이었다. 구조 변경이라 하는 것인데 처음 보는 신기한 방법이었다. 그것도 고객에게 큰소리치면서 파는 것 같았다.

나도 저런 큰소리치는 배짱 영업을 하면 얼마나 좋을까. 그렇게만 된다면 실적도 올릴 수 있고 덕분에 고객에게 받는 스트레스도 줄

나는 매일 새 차를 탄다

일 수 있을 것 같았다. 나도 한번 해 보자고 마음을 바꾸어 먹었다. 어차피 여기에서 적응하지 못해 회사를 그만둔다 해도 한 번이라도 최선을 다하고 그만두자. 온 힘을 다해 일했는데도 안 된다면 다른 일을 하는 게 낫지 않을까 싶었다. 그래야 미련 없이 다른 곳에 가서 일을 할 수 있을 것 같았다.

이상하게도 그만둘 수도 있다는 최악의 상태가 지금이라 생각하니 마음이 편했다. 여기서 그만두더라도 인생 끝나는 것은 아니니까. 어쨌든 다른 곳에 가서 열심히 일할 수 있는 동력을 얻기 위해서라도 최선을 다해 일해 보기로 마음먹었다.

그렇게 선배가 하는 일을 주의 깊게 살펴보면서 내가 갈 수 있는 곳을 찾아봤다. 있었다. 드디어 내가 뛰어들 만한 시장을 찾았다. 영화나 방송용 발전 차량이었다. 촬영 특성상 전기가 들어오지 않는 산속이나 강가 등 오지에는 반드시 이 발전 차량으로부터 전기를 공급받아야 했다. 이런 차량은 수요도 많지 않지만 판매 구조가 복잡하여 누구도 관심을 두는 이가 없었다.

'내가 팔 수 있을까?' 수많은 의문이 들었지만 한번 뛰어들어 보기로 했다. 처음엔 무작정 발전 차량 운전자를 찾았다. "뭐 불편하신 점은 없습니까?" 묻고 물으면서 고객들이 차를 사는 과정에 대해 하나씩 알아 갔다.

새 차를 사서 구조 변경 등록까지 마치는 데 거의 한 달이 걸린다. 수많은 서류를 떼어 여러 기관에 제출해서 허가받는 데 걸리는 시간이다. 일반 차량과는 달리 발전 차량의 등록 절차에 대해서는 차량 소유자조차 제대로 알지 못했다. 자연적으로 담당 카마스터에게 의존할 수밖에 없었다.

고객들은 자동차 회사 직원인 나를 기다렸다는 듯이 자신들의 불편함을 늘어놓았다. 자동차 출고가 너무 늦다, 독점인 특장 업체에서 얹는 발전기 값이 너무 비싸다, 대출 이율이 높다…. 이런 불편함을 파악한 Y는 하나씩 해결 방법을 찾아보기로 했다.

자동차 공급이 늦는 것은 고객과의 상담을 통해 향후 수요를 예측하여 미리 계약을 넣기로 했다. 반드시 딱 맞아떨어지지는 않았지만 적어도 이전보다는 제때 차를 공급해 줄 수 있었다. 발전기 설치도 그간 이용하지 않았던 특장 업체를 방문하여 경쟁을 통해 자연스레 가격을 내릴 수 있게 했다. 또 고객들은 차보다 발전기 값이 훨씬 비싼 탓에 높은 이자를 내고 큰 금액의 할부를 또 해야 했다. 이것은 여러 캐피털 회사에 비교 견적을 받아 가장 좋은 조건을 고객이 선택하게 했다.

이런 노력이 있어서였을까. 한 명 한 명 고객이 늘어나기 시작했다. 아무도 모르는 발전기 차량 판매와 설치에 대해 자신만의 시장을 확보하고 노하우를 채워 갔다. 실적이 올라가는 것은 당연했다. 그보다 더 큰 수확은 아무런 경쟁자 없이 차를 판매하는 것이었다.

"Y 부장, 이번에 내 차 바꿔야 하는데 빨리 좀 빼 줘. 할부 이율도 좀 낮은 걸로 해서 말이야."

"걱정 마십시오, 사장님. 한 달 안에 마무리해 드리겠습니다."

당당하게 말하는 Y에게는 전과 다른 자신감이 한껏 묻어난다.

나는 매일 새 차를 탄다

사실 영업하는 입장에서 주도권을 쥐기가 쉽지 않다. 항상 구매자가 갑의 위치에 있기 마련이다. 그렇지만 또 반드시 그렇지만은 않다. 요즘 들어 유행하는 '슈퍼 을'이라는 말도 있지 않은가. 일반적인 자동차를 판다면 갑이 되긴 어렵겠지만 나만이 팔 수 있는 유일무이한 제품이라면, 월등한 성능의 제품이라면, 게다가 가격까지 경쟁력 있다면 힘 있는 '슈퍼 을'이 될 수도 있다. 내가 주도권을 갖는다는 얘기다. 주도권이란 고객으로부터 넘겨받는 힘이다.

협상 용어로 '배트나(BATNA)'라는 말이 있다. 협상이 결렬됐을 때 대신할 수 있는 최상의 대안을 말한다. 어떤 물건을 한 곳에서만 판다면 주인의 협상력은 강해질 것이고 여러 곳에서 판다면 주인의 협상력은 약해질 것이다. 손님의 입장에서는 반대로 작용할 것이다.

차를 팔아야 하는 우리 같은 '을'의 입장에서는 배트나를 적절히 잘 활용하는 것이 중요하다.

자동차 영업 시장은 사는 사람 '갑'의 힘이 절대적으로 센 편이다. 고객이 제품에 대한 정보를 쉽게 얻을 수 있게 되면서 상대적으로 협상 우위에 서게 되는 경우가 많기 때문이다. "누구는…", "저쪽에서는…" 자리에 앉자마자 엄포를 놓는 이런 고객을 어떻게 상담해야 할까.

물론 가장 먼저 생각해야 할 것은 문제의 핵심을 정확히 파악하는 것이다. 고객이 말하는 경쟁자가 나의 동료일 수도 있고 경쟁사일 수도 있다. 그 다음엔 고객에게 제시할 수 있는 나만의 경쟁력을 찾아야 하는데 그 경쟁력이 바로 배트나다. 고객이 나를 필요로 하고 나를 선택하게끔 만드는 경쟁자와 차별화되는 역량을 말한다.

Y는 그 배트나를 '자동차의 적기 공급', '발전기 가격 인하', '할부 이율 조정' 등에서 찾았다. Y에게는 이 같은 좋은 배트나가 있었기 때문에 이를 적절히 활용하여 유리한 조건으로 차를 팔 수 있었다. 아니 오히려 주도권을 쥐게 되었을 뿐만 아니라 대등한 관계에서 지속적인 고객 관계를 유지해 오고 있다.

고객은 확신을 가지고 일하는 카마스터에게 계약한다. 인간은 태어날 때부터 권위와 리더십을 가진 사람들에게 끌리는 본성을 가지고 있다고 한다. 확신을 가지고 리드하는 사람이 영업을 잘할 수 있는 건 자명한 일이다. 고객의 불편함에 대해 대안을 준비하고 고객의 입장에서 상담한다면 충분히 주도권을 잡는 카마스터가 된다. 보이지 않는 힘으로 내 의도대로 상담을 끌고 갈 수 있다. 생존에 필요한 일인데 미룰 이유가 없다. 해야 할 분명한 목표가 있고 기회를 찾는다면 Y처럼 그간의 고통은 충분히 보상을 받을 것이라 확신한다.

방송국 발전 차량

나는 매일 새 차를 탄다

임기응변

"지점장, 이번에는 말이 좀 적은 사람을 보내 주게."

"네? 아. 예, 알겠습니다. 선배님, 그럼 저도 같이 내일 찾아뵙겠습니다."

당황스럽게 전화를 끊고 한참 멍하니 있었다. 농업용 약품 생산을 크게 하시는 선배님께서 차량 교체 시기가 되어 계약을 하려 하니 카마스터를 좀 보내 달라는 거였다. L 카마스터를 통해 작년에 그랜저를 판매했는데 그때 설명을 조금 길게 한 모양이다. 성격 급한 선배님이 회사 일로 바쁜 중에 시간을 길게 끌었으니 안절부절 못했을 것이라는 생각이 들었다.

L은 고객에게 차를 인도할 때 혹시라도 빠진 게 있을까 하여 차근차근 천천히 그리고 아주 상세하게 설명하는 스타일이다. 대부분의 고객은 꼼꼼하게 잘 챙겨 준다며 고마워한다. 하지만 그렇지 않은 고객도 있다. 우리 선배님같이 자수성가하여 큰 사업을 이룬

사람들은 대체로 성질이 급하고 오래 참지 못한다. 이런 고객에게 꼼꼼한 설명은 오히려 거부감을 주게 된다. 가르치는 듯한 말투도 금기 사항이다. 중요한 핵심만을 짧은 시간에 집중적으로 설명하는 것이 좋겠다.

요즘 고객들은 대부분 차에 대해 잘 알고 있다. 아니, 잘 알고 있다고 생각한다. 그렇지만 워낙 첨단 기능이 많이 나와서 그 기능들을 제대로 다 알고 사용하기란 정말 어렵다. 미리 설명을 해 드려도 컴퓨터처럼 직접 사용해 보지 않으면 돌아서면 잊어버린다. 출고 후에 자주 전화가 오는 까닭이다.

대부분의 카마스터들이 고객을 만나면 신기술에 대해 빨리, 상세하게, 더 많이 설명하고 싶어 한다. 그래서 말을 많이 하게 된다. 고객의 필요한 정보는 카탈로그나 가격표에 이미 다 들어 있다. 요즘은 컴퓨터가 발달되어 있어 태블릿 PC를 들고 다니면서 우리가 말로 설명할 수 없는 기계 동작 부분까지 이해하기 쉽도록 정리가 잘된 유튜브를 볼 수도 있다.

고객 상담을 하다 보면 나도 모르게 말이 빨라진다. 잠시라도 말이 끊어지면 고객에게 거절당할 것 같은 불안감이 살짝 들기도 하기 때문이다. 카탈로그를 통해 설명은 간단하게 하고 고객의 반응을 기다리면서 고객이 말을 많이 하게 하는 카마스터도 있다. 침 튀겨 가며 나름 열정적으로 설명을 해도 돌아서서 고객의 기억에 남아 있지 않는다면 그때까지의 노력은 아무 소용이 없다. 오히려 고객이 피하려 할 수도 있다.

나는 매일 새 차를 탄다

고객 상담을 위해 준비한 당직 자리

고객을 만나 일방적으로 설명만 하다 보면 나만의 울타리에 갇히기 쉽다. 익숙한 관습에서 벗어나 빠르게 변하는 고객의 취향에 맞추도록 노력해 보자.

여러 기능 중에서 한정된 시간에 어떤 부분을 설명해야 고객의 마음을 움직일 수 있을까? 이는 모든 카마스터들의 과제이기도 하다.

대체로 남성은 다양한 첨단 기술과 무선통신 기술을 이용한 멀티미디어의 기능과 성능에, 여성은 디자인과 색상 그리고 편안함과 수납공간 등 일상적이고 실용적인 면에 관심을 가지고 있다.

사실 남성 고객에게는 파스텔 톤의 부드러운 시트나 깊은 곳에서 울려 나오는 감미로운 음악 소리는 눈에 보이지도 않고 귀에 들리지도 않는다. 여성 고객은 파워풀한 엔진 성능이나 시선을 강타하는 휠 역시 보이지도 들리지도 않는다.

대체로 나이가 좀 있는 고객은 회색이나 검정색 등 무난한 형태의 자동차를, 젊은 층의 고객은 파랑이나 노란색 계열이나 튀는 자동차를 선택하는 경우가 많다.

사람이 세월이 흐르면서 좋아하는 색상도 변해 가는 것인지 원래 그 사람이 그런 것인지는 알 수 없지만, 이런 우리들의 오래된 생각은 잘 바뀌지 않는다.

최근에는 운전자가 일일이 신경 쓰지 않고 자동으로 제어해 주는 기능이 좋은 반응을 얻고 있다. 앞차와의 충돌방지나 차선 이탈에 대한 경고, 차로를 유지하게 해 주는 보조 기능 등은 이제 모든 차에 기본으로 들어간다. 자동차 운행만 하면 저절로 업데이트가 되는 자동 무선 내비게이션 업데이트 장치라든가 미세 먼지를 자동 제거해 주는 공기 정화 장치도 아주 인기가 좋다. 차 안에 있으면 공기 청정기를 틀어 놓은 것과 같다. 젊은 층에서도 아주 선호한다.

자동차 정보는 넘치도록 많다. 많은 것을 얘기해도 확실하게 고객의 머리에 남는 것은 별로 없다. 그 사람이 왔다 간 것은 정확히 알 거다. 적당한 선에서 고객에 따라, 고객이 필요로 하는 부분만 집중적으로 설명하고, 나머지는 고객에게 맡기는 게 더 좋다. 그리고 설명 도중 가끔씩 고객에게 질문을 하자. 그리고 대답을 기다리자. 내가 설명하는 것을 이해하고 따라오는지를 살펴보면서.

나는 매일 새 차를 탄다

편안한
장소

고객이 자동차를 구매하기 전 직접 보고 필요한 상담을 하기 위해, 맨 처음 방문하는 곳이 전시장이다. 이곳에서 고객은 기능도 살펴보고 들어가 앉아 보고 원하는 차종의 시승 신청도 가능하며 상담을 통하여 바로 구매하기도 한다. 자동차를 구입하고자 마음먹은 고객은 성능이나 구입 방법 등 혹시라도 빠진 것이 있을까 메모까지 해 와서 질문하기도 한다.

이렇듯 고객이 자동차를 구입할 분위기가 가장 잘 갖춰져 있는 곳이 전시장이다. 사람을 만날 때에도 서로에게 집중할 수 있는 적당한 공간이 필요하듯이 전시장도 자동차에만 완전히 집중할 수 있는 공간으로 만들어야 내 차를 만나는 순간이 더욱 특별한 기억으로 남을 것이다.

"네, 사장님. 그럼 11시에 뵙겠습니다. 위치는 바로 문자로 보내 드리겠습니다."

우리 지점 S카마스터는 늘 고객을 전시장으로 오시게 유도한다. 오늘은 아직 확실하게 결정을 내리지 못한 고객을 전시장으로 모셔서 원하는 자동차도 보여 주고 상담을 마무리하려고 한다. 지점 위치를 대충 설명하고 문자로 앱을 보내면 착한 내비게이션이 정확하게 우리 지점으로 안내를 한다. 이런 카마스터가 있기에 기꺼이 고객은 전시장을 찾는다. 이 고객이 전시장을 방문한다면 계약할 확률은 거의 100%다.

그렇다면 전시장을 방문하는 고객들은 왜 계약할 확률이 높을까.

사람은 익숙하지 않은 낯선 사무실에 가면 왠지 어색하고 긴장이 된다. 실수할까 봐 정신을 바짝 차려야 하고 그런 만큼 행동도 부자연스럽다. 누구나 자신의 영역에서 멀어지면 심리적으로 의지할 곳이 없어져 선택이나 판단 능력을 제대로 발휘하지 못한다고 한다.

전시장에 발을 들이는 순간, 고객의 마음속에는 한 발 물러서려는 심리가 생긴다. 바로 이 순간이 카마스터가 주도권을 잡는 순간이 된다. 카마스터 입장에서는 전시장이 가장 편한 내 안방과 다름없다.

"어딜 가나 내 집이 최고다."란 말이 있다. 심리적으로 봤을 때 익숙한 환경에서는 자신감이 생기고 주인 입장이기 때문에 고객을 리드하기가 좋다. 제집 같은 전시장에서는 뭐 특별히 도와줄 사람이 없어도 마음이 편안하고 주도권을 잡는 분위기를 느낀다. 그래서 고객을 전시장으로 오게 한다면 계약의 성공 확률이 훨씬 높아질 수밖에 없다. 즉 익숙하지 않은 장소에 놓인 고객은 카마스터가

오로지 고객만을 위한 독립 공간, 고객 상담실

내놓은 조건을 더 쉽게 받아들이는 경향이 있기 때문이다.

전시장에는 고객 상담 전용 테이블이 마련되어 있어 다른 사람 눈치 안 보고 오로지 상담에만 집중할 수 있는 분위기가 이미 만들어져 있다.

직접 새 차를 만져 보고 타 보면 사고 싶은 마음이 더욱 강렬해진다. 새 차는 누구나 좋아한다. 적당히 은은한 조명을 받으며 반짝이는 새 차를 보면 바깥에서 보는 것보다 훨씬 멋있고 세련되어 보인다. 게다가 차 문을 열면 고객의 영혼까지 유혹하는 새 차만의 고유한 냄새가 훅 하고 코끝에 감긴다. 이 특이한 냄새가 사람을 묘하게 끌어당기는 것이다. 마치 제과점의 커피 향을 맡는 기분과 같다.

또 새 차에 앉아 보면 시트도 적당한 안락함으로 부드럽게 감싸 주어 내 몸이 한결 가벼워지는 걸 느낄 수 있다. 핸들을 잡고 라디오를 켜면 마치 내가 실제로 드라이브하고 있는 착각을 느낄 정도다. 차 안에서 울려 퍼지는 음악 소리는 천상의 소리처럼 맑고 아름답게 들린다. 잠깐 동안이지만 작은 공간의 여유로움을 마음껏 누린다. 갑자기 지금껏 타 온 내 차는 너무 낡은 것처럼 느껴진다. 그동안 너무 잘 타 왔는데도 말이다.

개별 상담실은 또 어떠한가. 그곳에서는 나 혼자만 대우받는 느낌을 가질 수 있다. 적당히 좁은 공간에서의 차 한 잔이 그렇게 향기롭고 맛있을 수가 없다. 이 정도면 계약서에 사인할 분위기가 이미 다 갖춰졌음은 물론이다.

사실 전시장에 오는 사람들은 어느 정도 마음속으로 차종을 결정하고 오는 경우가 많다. 고객의 입장에서도 전시장에서 차를 구입하는 게 가장 좋은 결정이라 생각하기 때문이다.

자동차 전시장은 차량 판매 목적 이상의 의미를 갖고 있다. 자동차가 이동 수단을 넘어 라이프 스타일을 중요시하는 요즘의 트렌드에 맞게 변화하고 있듯이, 전시장도 보다 새로운 감각의 이미지와 맞는 공간 분위기를 연출해 고객과의 심리적 거리를 좁히려 오늘도 노력하고 있다.

인간미

요즘 식당에서 음식 나르는 로봇을 보는 건 어렵지 않다. 사람이 하던 힘든 일을 로봇이 해 주니 신기하기도 하고 보는 재미도 있다. 모양도 귀여워 앙증맞다. 위험한 건물 청소는 물론이거니와 커피도 타 주고 길 안내도 해 준다. 주인 입장에선 구경거리도 제공하고 인건비도 줄어서 좋아한단다. 손님도 표정은 없지만 불평하지 않는 로봇을 더 좋아하는지도 모르겠다.

코로나19는 우리 사회를 급격하게 바꾸어 놓았다. 자동차 판매도 이 여파로 전시장 방문 및 대면 판촉이 위축된 가운데 온라인을 통한 판매가 늘어나고 있다. e쇼룸이라든지, 카카오톡을 통한 원격 상담을 하기도 한다. 현대자동차에서는 응대 직원과 대면 없이 전시 차 관람이 가능하고 일과 시간 종료 후에도 자유롭게 전시장을 방문할 수 있는 '야간 언택트 전시장'도 운영한다.

지금도 카마스터와 전화로 통화하고 고객은 컴퓨터나 태블릿 PC

를 보면서 상담하는 경우가 이미 보편화되어 있다. 고객은 회사 홈페이지에서 차량 제원과 가격, 구매 조건을 확인하고 자신에게 맞는 견적서를 즉시 받을 수 있다. 뿐만 아니라 예약을 통해 내가 원하는 시간과 장소에서 시승할 수도 있다. 구입한 고객의 생일 등 기념일 챙기기, 차량 점검 안내하기, 회사 이벤트 알리기 등등은 이제 자동으로 고객에게 연락이 간다.

어떤 회사는 온라인으로만 차를 판매하는 곳도 있다. 하지만 자동차 특성상 구조가 복잡해 직접 구매하기에는 부담이 따르고 잘못 구매한 책임은 고객이 떠안아야 하는 어려움도 있다. 견적서야 고객이 일정 양식에 있는 그대로 적으면 되겠지만 카마스터가 할 일은 따로 있다.

카마스터는 출근해서 바로 컴퓨터를 켠다. 개인 컴퓨터에는 그가 판매한 고객들의 기념일, 연도별 차량 출고일, 차량 점검 대상자뿐 아니라 주소 변경이나 정비 공장 방문과 점검 내역까지 저장되어 있다. 그래서 카마스터는 아침에 문자나 메일 보내기가 생활화되어 있다.

자동차에 관한 얘기는 물론이거니와 일상생활 얘기도 많이 한다. 지난주에 어디 갔었던 것부터 아이들 관련 또 요즘 핫한 얘기 등 다양한 소재가 있다. 스토리를 만들어 전화를 하기 때문에 받는 고객도 부담이 없다.

"사장님 안녕하십니까. 지난 주말에 동네 블루핸즈에서 오일 교환을 하셨던데 다른 이상은 없습니까? 혹시 제가 도울 일이라도 있으면 말씀해 주십시오."

단순 오일 교환하러 정비 공장에 갔는데 어떻게 알았는지, 전화해 주는 카마스터가 고맙다. 간단한 인사말이지만 예상치 못한 관심을 보여 주는 직원을 다시 찾지 않을 이유가 없다.

"김 부장님, 안녕하십니까. 다음 주가 그랜저 출고한 지 일 년이 되는 날입니다."

물론 고객은 거의 날짜를 잊고 있는 경우가 대부분이다.

"물론 별 이상이야 없겠지만 편리한 시간에 근처 블루핸즈에서 점검을 받으시길 바랍니다. 기념으로 제가 커피 한 잔 보내 드리겠습니다. 차 잘 타십시오." 하며 모바일 커피를 보낸다.

대부분의 카마스터는 이런 통화를 하루에도 몇 번씩 한다. 사람과의 관계는 컴퓨터가 대신할 수 없는 부분이다. 요즘 웬만한 회사에 전화하면 거의 ARS 자동 응답기하고 통화한다. 따뜻한 감정이 있는 사람하고 대화하고 싶은데 딱딱한 기계가 나오니 열만 받친다. 특히 바쁠 땐 인내심의 테스트다.

컴퓨터를 이기는 길은 고객이 원하는 것에 최대한 빨리 응답하는 것이다. 고객은 문제 해결도 원하지만 자신의 불편에 대해 들어 줄 상대를 더 원한다.

카마스터가 문제 해결을 할 수 없는 부분도 물론 많다. 하지만 고객을 이해하고 얘기를 들어만 주어도 불만은 현저히 줄어든다.

"사장님, 차가 말썽을 부려 힘들지요? 죄송합니다. 이렇게는 해 보셨습니까? 잘 안 되신다고요? 그럼 저렇게는요. 그래도 안 된다고요? 그러면 잠시만 기다리세요. 제가 다시 알아보고 바로 연락

드리겠습니다."

이런 인간미 넘치는 카마스터를 컴퓨터는 절대 이길 수 없다.

컴퓨터가 인간을 능가하지 않을까 걱정하기보다는 컴퓨터를 잘 활용해서 더 나은 결과를 만들어내는 데 고민을 해야 하지 않을까?

고객이 까다로워지면 이에 대응할 카마스터의 역할은 더 필요하게 된다. 기술과 사회가 더 발달할수록 고객의 마음을 알아주는 영업 기능은 더 중요하게 된다. 고객은 사무적으로 말하는 ARS를 통해 답답함을 억누르며 참기보다는 조금 시간이 걸리더라도 고객의 마음을 이해해 주며 상담하는 카마스터를 더 필요로 할 것이다. 불만 고객일 경우는 더 말할 것도 없다. 위트 있는 화술로 고객의 마음을 헤아려 주면서 불만 처리를 할 수 있는 사람이 필요한 것이다.

힘든 자동차 생산이나 체계적인 고객 관리는 불만 없는 로봇이나 발전된 IT 기술로 대체하면 비용이나 시간도 줄어들 것이다. 그러나 사람의 마음을 움직여야 하는 소통 기능은 어떤 AI 기술이 나와도 카마스터만이 할 수 있다. 따로 경쟁하는 것이 아니라 공생하며 활용하는 방향으로 진화할 것이 분명하다. 커피도 로봇이 따라 주고 자판기에서 빼 먹을 수도 있지만 사람이 내려 주면 더 따뜻하고 진한 감정의 향기를 느낄 수 있다. 반드시 정확하고 빠른 것만이 좋은 게 아니라 느리더라도 인간미 나는 세상을 기대하는 사람들도 많다.

고객의 마음을 얻으려 한다면 고객에게 와닿는 관심이 표현되어야 한다. 언제 출고했는지도 제대로 기억하지 못하면서 기계적으로 보내는 안내 문자를 관심이라고 할 수는 없을 것이다. 만약 내가 고객이라면 트로트를 좋아하는 나의 취미를 기억하고 '미스터 트롯' 음악을 녹음해 주는 카마스터가 더 나에게 관심 있는 사람이라고 생각할 것 같다.

당신만의 영역을 찾아서, 팰리세이드

내부 고객

"부장님, 이 고객님에게 패키지2를 권해 보세요. 가격 차이도 80만 원밖에 안 나니 충분히 설득 가능하실 겁니다. 그러면 이번 주 내로 출고하실 수 있어요."

"아, 그래? 그게 가능해?"

"네, 빨리 고객 설득해 주세요."

"알았어. 잠깐만 기다려."

아침마다 북새통이다. 아니, 아침만이 아니다. 카마스터들이 바로 출고 가능한 차종을 물어볼 때마다 우리 지점 운영 팀 H 매니저는 신이 난다.

"차장님, 어제 계약하신 그 고객 분은 일단 조금만 기다리시고요. 2번째 순위로 받쳐 놓았으니 ○○지점에서 출고하지 않으면 우리가 출고할 수도 있어요."

"그래, 꼭 그렇게 해 줘. 사양이 조금 달라도 되니까 빨리 나올

나는 매일 새 차를 탄다

수 있는 건 무조건 내게 얘기해 줘."

우리 지점에 홍일점 여직원이 있다. 몇 달 전에 전입해 왔는데 솔직히 처음에는 별로 탐탁지 않았다. 지점에서 가장 중요한 계약 출고 업무를 잘 모르는 것 같았기 때문이다.

전임 여직원은 일도 잘하고 직원들과의 유대 관계가 좋아 다른 곳으로 이동되지 않게 해 달라고 본부에 부탁까지 했었는데도 인사 발령이 나고 말았다.

예상은 맞았다. H 매니저의 업무가 익숙지 않으니 일 처리가 늦어지고 직원들의 대기 시간도 자꾸 길어졌다. 지점 업무는 시간을 다투는 일이 많다. 차량 재고 조회 등 판매 지원 업무가 일사천리로 진행이 되어야 지점 실적도 좋아지고 직원들의 사기도 올라가게 마련이다. 본인은 열심히 한다고 하는데 옆에서 보면 답답하다. 조바심이 났지만 좀 더 두고 보기로 했다. 한 달여가 지나자 조금 달라졌다. 퇴근 시간과 관계없이 문제가 해결될 때까지 시간이 얼마나 지나든 간에 혼자 남아 끝까지 물고 늘어졌다. 그래도 모르는 것은 본부에다 몇십 분씩 전화통을 붙들고 물어 물어서 하나씩 풀어 갔다. 이런 날들이 계속되자 직원들도 재촉하지 않고 오히려 현 매니저의 상태를 지켜만 보고 있었다. 두어 달이 지나자 이젠 지점 업무에 능숙하게 되었고 직원들도 이런 현 매니저의 열정에 아주 호의적으로 대했다.

그랜저2.5프리미엄 무옵션은 블랙. 녹턴그레이 3,294만원 /
그랜저2.5프리미엄 현대스마스센스1

미드나잇블랙 3,397만원 재고 /

그랜저2.5프리미엄 현대스마트센스1

플래티넘, 프리미엄초이스 3,559만원

미드나잇블랙, 녹턴그레이, 화이트크림

재고 있어요^^

이런 내용의 안내를 수시로 문자나 카톡으로 보냈다. 판매 업무에 관련된 긴급 내용을 실시간으로 공지하고 예상되는 업무도 미리 알려 주니 직원들이 좋아했다. 출고하는 데 두세 달씩 걸릴 수도 있는 차를 경우에 따라서는 바로 인도할 수도 있어 고객도 좋아했다. 지점 판매량이 증가하는 건 당연한 일이다.

자동차를 판매하는 것은 눈에 보이는 것이 다가 아니다. 카마스터가 외부 고객을 만나 상담하고 판매에 성공하는 데는 운영 팀 여직원의 보이지 않는 지원이 있기에 더욱 빛이 나는 거다. 아무리 적게 잡아도 지점 목표의 10퍼센트 이상을 좌우한다고 나는 생각한다. 단 몇 퍼센트 차이로 목표 달성 여부와 지점 간의 순위가 결정되는 걸 보면 무시 못 할 굉장히 중요한 역할이다.

외부 고객만 바라볼 게 아니라 늘 같이 근무하는 내부 직원도 고객으로 챙겨 볼 필요가 있는 부분이다.

자동차 영업은 휴일에도 계속된다. 카마스터들은 밤낮으로 고객과의 상담을 통해 한 대라도 더 팔기 위해 온 힘을 다 쓴다. 이렇게 애쓰는데 업무 처리가 늦어지면 얼마나 손해인가. 직원들의 기쁨을 나의 보람으로 여기며 조금 시간이 지나더라도 직원들의 수고를 덜어 줄 수 있다면 직원들도 큰 힘을 얻을 수 있을 것이다.

"이거…."

H 매니저에게 어렵사리 건네는 카마스터의 투박한 손에 따뜻한 붕어빵이 들어 있다. 상대방을 신경 써 주는 그런 마음들이 직원들 서로를 격려하게 한다. 지점장의 권위보다 훨씬 더 큰 영향력을 미친다. 늘 눈에 보여 신경 안 써서 그렇지 내부 고객도 큰 고객이다.

보이는 듯 보이지 않는 내부 고객

태블릿 PC

정년퇴직을 앞두고 있는 S 카마스터는 행복하다. 자동차 회사에 들어와 30여 년을 근무하면서 사랑하는 아내를 만나 결혼하고 아들도 잘 키워 이미 장가도 보냈다. 아들은 든든한 직장에 다니면서 며느리와 잘살고 있으니 남은 건 아내와 노후를 즐겁게 지내는 일뿐이라고 자랑스럽게 얘기했다. 이 정도면 성공한 직장인의 모습이라 할 수 있다. 행복한 S를 보는 나도 행복해지는 것 같았다.

그렇지만 그런 그도 한 가지 고민이 있다. 고객과 상담할 때마다 늘 태블릿 PC를 들고 다니는 후배들 때문이다. 최신 IT 기술로 무장한 자동차의 작동 원리를 유튜브를 통해 보여 주기도 하고 견적도 손가락으로 몇 번 톡톡 치면 끝이다. S도 시도는 해 봤지만 영어색하고 손가락이 맘대로 돌아가지가 않아 그만둔 게 몇 번이다. 회사에서 교육도 시켜 줬지만 필요성을 못 느꼈다. 관리하고 있는 고객들도 전화를 하거나 문자 정도만 보내도 아직까지 잘 유지되

나는 매일 새 차를 탄다

고 있었다. 또 대부분 오랫동안 S와 인연을 맺고 있는 터라 특별히 태블릿 PC를 가지고 다니면서 설명할 필요도 없었다. 지금 방식으로 차를 팔아도 전혀 불편함이 없으니 이대로 있다가 퇴직하면 될 거라고 생각했다.

그런데 이전에 알고 있던 고객들의 자녀들이나 후배 등 점점 젊은 고객들을 만날 기회가 늘자 왠지 상담하기가 불편해지기 시작했다. 여러 가지 기계적 동작 방법이나 다양한 색깔 등은 말로 잘 표현할 수가 없었다. 요즘 젊은 사람들은 무슨 말만 하면 바로 휴대폰을 꺼내 보며 확인했다. 특히 더 난감한 것은 고객과의 계약서를 작성할 때다. 예전 같으면 그냥 상담하면서 쓱쓱 작성만 하면 될 텐데 요즘은 이놈의 컴퓨터에 입력을 하라니 골치가 아프다.

우리 회사에서도 시대 흐름에 발맞추어 개인에게 지급된 태블릿 PC를 활용해서 계약을 하게 한다. 종이 계약서를 작성할 때는 고객과 같이 확인했음에도 간혹 내가 쓴 글씨도 잘 못 알아볼 때가 있다. 숫자, 기호, 받침 등은 조금만 잘못 쓰면 오해의 소지가 있을 수도 있는데 전자 계약을 하면 그럴 위험이 전혀 없고 전달이나 보관 등 편리한 점이 한두 가지가 아니다. 처음엔 더듬거리고 헷갈리지만 익숙해지면 더없이 간단하고 편리하다.

"김 과장, 이것 좀 봐 줘. 여기서는 무엇을 한다고 했지?"

"아이고, 부장님. 지금 몇 번째인 줄 아세요?"

"자, 자, 그러지 말고 한 번만 더 봐 줘라, 응? 지금 고객이 계약하러 오신단 말이야. 고객 앞에서 실수할 수는 없잖아."

수도 없이 가르쳐 줬지만 돌아서면 또 묻는다.

"아, 맞아. 여기가 고객 서명받는 칸이라고 했지."

"네, 맞아요. 반드시 자필로 쓰게 하셔야 돼요."

"근데 이건 왜 안 넘어가?"

S는 다시 이것저것 누르면서 후배를 찾는다.

"안 되겠어요, 부장님. 이번에는 제가 옆에 있을 테니 안 되면 저를 부르세요."

"그래 줄래? 아휴, 고맙다, 고마워."

쩔쩔매는 S에게 후배는 싱긋 웃는다. 한두 번 해 보니 태블릿 PC도 별것 아니었다. 처음 시도가 어려웠을 뿐.

자동차 판매의 필수품이 된 태블릿 PC

나는 매일 새 차를 탄다

여태까지 컴퓨터를 외면해 왔던 S는 요즘은 아예 끼고 산다. 제품 설명도 유튜브를 열어 보여 준다. 고객 이해가 훨씬 빠르고 계약 내용도 정확히 전달된다.

조금만 더 관심을 갖고 바라보니 그동안에는 보이지 않던 세세한 것들이 보이기 시작했고, 그렇게 하나씩 보이는 것들은 깨달음과 함께 훨씬 친근감 있게 다가왔다. 고객이 원하는 것이 이제는 어렴풋하게라도 보이는 것 같았다. 그런 사소한 작은 보임이 고객과 나를 단단하게 연결해 주는 아름다운 끈이 될 것이다.

Chapter 5

새 차가
바꾼
나의 인생

귀인

나는 회사 생활을 하면서 내 인생을 리드해 준 좋은 분들을 많이 만났다. 수많은 분 중에서도 김충호 사장님께 받은 영향이 적잖이 컸다. 나는 사장님을 측근에서 모신 적은 없다. 그리고 단둘이서 깊은 얘기를 나눈 적도 없다. 그래서 어떤 습관이 있으신지, 무엇을 좋아하시는지 잘 알지 못한다. 다만 먼발치로나마 간혹 짧게 뵙는 시간이었어도 내겐 깊은 인상을 심어 주셨다. 나를 내 인생의 CEO로 만들어 주신 분이다.

판매 점검 회의를 주재하시면서 목표 달성 방안에 대해 질문하실 때는 어떻게 아셨는지 자신 없어 하는 지점장만 꼭 꼬집어 질문하셨다. 제발 나한테는 어떤 질문도 하지 말았으면 하고 마음 졸이며 빌고 있었는데도 말이다.

나는 매일 새 차를 탄다

사장님과의 처음 만남은 국내 영업본부장 시절 4월 첫날이었다. 비공식 이벤트로 1분기 목표 달성한 지점장을 불렀다. 시간되는 사람들만 부담 없이 와서 점심식사 하는 자리였다. 이 자리에서 하신 사장님 말씀이 기억난다.

"지점장은 관할 지역에 대해 자세히 알아야 한다. 식당도 마찬가지다. 음식이 맛있고 요즘 말로 가격도 착한 식당을 직접 개발해서 직원들을 데려가야 한다."

돈만 많이 내면 되는 화려하고 비싼 음식점은 누군들 찾지 못하겠는가. 그런 곳보다는 지점장이 직접 발품 팔아 직원들도 모르는 숨은 동네 맛집을 찾아내는 그런 섬세함이 있는 사람이 업무도 빈틈없이 잘해 낼 수 있다고 말씀하셨다. 지점장은 직원들이 보지 못하는 세밀한 관찰력을 가져야 하고 식당 하나도 허투루 보지 말라는 말씀이셨다. 일반적인 기준보다는 내가 할 수 있는 것을 기준으로 삼아 더욱 잘할 수 있는 기회를 만들고 그 기회를 계속 펼쳐 나갈 수 있는 지혜를 찾게 해 주셨다.

그리고 지점장은 연출을 잘해야 한다고 말씀하셨다. 지점장의 말과 행동은 중요하고 책임이 무겁기 때문에, 무엇을 말할 것인지 미리 생각하고 그 후의 사정도 미리 예상하여야 한다는 것이다. 마치 드라마 찍을 때 배우들이 연기를 잘할 수 있게 만드는 연출가의 역할과 같다고 말이다. 어떻게 하는 것이 지점장으로서의 나의 가치를 돋보이게 만드는 방법일까 하는 것을 생각하게 했다. 가볍게 점심 먹는 자리에서 사장님만의 일에 대한 경륜과 지혜를 체득할 수 있는 뜻깊은 자리가 되었다.

　두 번째는 내가 판매 교육팀 전임 교수실에 있을 때였다. 미리 날을 잡아서 교수실 직원들을 모이라고 할 때도 있으나, 간혹 사장님이 퇴근하시면서 남아 있는 사람들한테 저녁 먹으러 가자며 요즘 말로 번개를 치신다. 이런 시간이 오히려 더 좋다. 미리 준비할 부담도 없고 시간 되는 사람만 가도 되어 더 편하게 얘기할 수 있어서다.

김충호 사장님(왼쪽 줄 두 번째)과 함께,
한국멘토교육협회 안병재 회장(오른쪽 줄 네 번째), 나(다섯 번째)

나는 매일 새 차를 탄다

얼마나 바쁜 시간이실까. 교수실 직원들에게 일일이 관심 가질 시간이 없으실 텐데 그래도 한 번씩은 꼭 챙겨 봐 주신다. 자주 못 불러 미안하시다면서. 격의 없이 삼겹살에 소주 한 잔 마시면서 이런저런 말씀을 해 주시는데 그중에서도 늘 말씀하시는 게 있다.

"회사가 성장하려면 직원들 교육이 중요하다. 그런 중요한 일을 맡고 있는 사람들이 당신들이다. 당신들이야말로 우리 회사를 글로벌 톱으로 만든다는 사명감을 가지고 일해야 한다. 그래서 교수들은 많은 것을 먼저 보고 배워야 하며 실무에 적용할 수 있는 살아 있는 교육을 할 수 있도록 늘 연구해야 한다."고 강조하셨다.

고민한다고 미래가 바뀌는 것이 아니라 작은 실천이 세상을 바꾼다. 늘 계획(Plan)하고 실행(Do)하고 그리고 확인(See)하는 게 일상이 되어야 한다고 한 번 더 강조하셨다. 이런 선순환이 있어야만 나도 성장하고 회사도 성장한다며 조언해 주셨다. 사장님과의 만남 후 상황은 예전과 다름이 없었지만 내가 힘들어하고 더러는 무심했던 강의가 어느 순간 나를 성장시키고 강하게 만드는 책임감 있는 디딤돌로 보이게 되었다. 사장님은 뭐든지 해결해 주는 해결사가 아니라 평범한 직원을 자신의 업무 속에서 무언가 더 나은 선택을 할 수 있도록 도와주는 멘토였다.

사장님 말씀을 듣다 보면 회사를 위한 사명감에 불탄다. 내가 하는 일이 정말 소중한 일이구나 하고 느끼게 된다. 누구를 만나더라도 일에 대한 열정을 스스로 불태우도록 동기부여를 하신다. 대화를 통해 친근하고 가깝게 느끼도록 만드시는 능력은 덤이다.

목표는 이성이 아니라 따뜻한 가슴으로 다가가야 한다. 그래서 김충호 사장님은 직원들로부터 신뢰와 존경을 받을 수 있는 덕(德)을 갖추신 분이라 감히 말할 수 있다. 수만 명이 근무하는 큰 회사를 작은 조직처럼 일사분란하게 지속 가능한 성장 궤도에 올려놓으신 분이다. 논리를 앞세우기보다는 감성으로서 우리들과 소통하셨다. 사장님의 뜨거운 열정으로 직원들의 마음을 자극해 움직이도록 만드는 특별한 능력이 있으셨다.

사장님은 잠자고 있는 우리들의 영혼마저도 일깨우는 멘토였다. 직원들의 마음에 불을 지피고 격려하고 용기를 주신 위대한 멘토였다. 나도 부족하나마 누군가에게 도움을 주거나 영향을 주는 인생을 살 수 있을까 생각해 본다. 내게 있어 김충호 사장님은 사람이 재산임을 깨닫게 해 주신 인생 멘토이자 회사 생활의 참된 어른이셨다. 그래서 나는 내 인생의 CEO가 되었다.

나는 매일 새 차를 탄다

선배

    내가 제일 존경하는 식품 제조업을 하시는 고등학교 선배님이 계신다. 너무 가난하여 죽을 각오로 무작정 상경을 하여 먹여 주고 재워 준다는 누군가를 따라간 게 변두리의 조그만 식품 공장이었다. 그 공장에서 월급도 없이 숙식만 해결해 줘도 감사하게 생각하며 악착같이 기술을 배웠다. 그 의지가 얼마나 강하고 독했는지 주인은 자기 아들이 아닌 선배님한테 공장을 넘겨주었다.

    빚으로 공장 주인이 된 선배님은 손님들에게 품질과 신뢰로 승부하며 공장을 키워 갔다. 죽을힘을 다해 지독하게 연구하여 좋은 품질의 제품을 만들고, 끈질기게 거래처를 찾아가 경쟁사의 온갖 협박에도 불구하고 납품에 성공한 얘기를 하실 때는 30~40년이 지난 지금도 얼굴에 비장함이 가득하셨다. 사기를 당하고 기계에 빨간 딱지가 붙여지는 절망 속에서도 지금의 성공을 이루어 낸 선배님 얘기는 영화보다 더 영화 같다. 마치 우리 회사 회장님의 얘기를 옆에서 듣는 것처럼 흥미진진하다. 지금도 품질 하나로 동종 업계에서 독보적인 선두를 달리고 계신다.

선배님의 이런 얘기를 들을 때마다 매일 고객을 대하는 나도 고객이 만족할 만한 품질로써 맞이하는가 생각해 본다. 나는 선배님 같은 의지와 노력으로 고객 만족을 위해 최선을 다하고 있는지 되새겨도 본다. 반성하고 채워야 할 부분이 나는 아직도 많다.

선배님이 후배 아끼는 마음은 부모만큼이나 끔찍하다. 그런 만큼 선배님 주위에는 드나드는 동문이 많은데 언제나 반갑게 맞아 주신다. 동문의 어려운 일에 해결사를 자청하고 계시다. 그러면서 수시로 내 자랑을 섞어 넣어 자동차 소개도 가끔씩 하신다.

또 선배님의 자동차 사랑은 남다르다. 어릴 적 너무나 고생한 탓인지 자동차만큼은 편하고 안전해야 한다는 믿음이 확고하시다. 회사 차들도 적당한 시기에 어김없이 교체를 한다. 수리하러 왔다 갔다 하는 시간에 일을 해서 돈을 버는 게 더 낫다는 신조다. 혹시 고장이 나더라도 경제적이고 쉽게 빨리 고칠 수 있는 현대차를 고집하는 이유다.

차를 계약하면 바로 가져오라 하시기 때문에 방문 때마다 차량 상태를 살펴보는 것도 나의 중요한 업무 중 하나이다. 자동차에 대한 상담도 길게 하지 않는다. 큰 것만 말씀하시고 나머지는 알아서 챙겨 오라신다. 결정이 빠르고 대범하다.

한번은 같이 술 한잔하느라 밤이 늦었다. 대리 기사를 불렀는데

나는 매일 새 차를 탄다

선배님 차 키가 없어졌다. 식당까지 다시 들어가 보았으나 찾을 수가 없었다. 할 수 없이 그날은 택시를 타고 집에 들어가셨다. 걱정이 되어 다음 날 출근하자마자 전화를 드렸더니 아직도 키를 못 찾아 견인차를 불렀다고 했다. 그 장소로 급히 달려갔다. 선배님 차는 독일 A사 차량인데 그 차 키는 우리나라에서는 복제품을 만들 수가 없고 독일에서 만들어 가져와야 하므로 한 달 가까이 걸린다고 했다. 한 달 동안 노상 주차를 할 수 없어서 집으로 견인했다면서, 할 수 없이 한동안은 내 차를 못 탈 것 같다고 허탈한 웃음을 지으셨다. 아니 무슨 차 키 하나 만들어 오는 데 한 달이나 걸리느냐고 내가 분개했지만 그 회사는 그렇다고 했다. 안전도 좋고 보안도 좋지만 이건 너무 불편하다. 너무 안전에 치중하다 보면 의도치 않은 불편함을 가져오게 된다. 이러면 정 떨어지는 거다. 나 때문인 것 같아 아주 죄송했다. 늘 나를 챙겨 주시고 한 대라도 더 팔수 있도록 고객을 소개시켜 주시던 선배님인데, 정작 당신이 불편하게 되었다.

심란하게 하루를 보낸 다음날 한번 들르라는 연락이 왔다. 제네시스가 얼마나 걸리느냐고 물으신다. 언젠가 "이번에는 현대차로 바꿔야지, 이 차는 불편해." 하셨는데 이참에 아예 맘을 먹으신 모양이다. 고객은 편리함보다는 불편하지 않은 상황을 더 좋아한다. 우연찮은 필요에 의한 선택이었지만 선배님은 이내 제네시스의 특별함을 알아보셨다. 대단히 만족하셨다.

선배님은 차뿐 아니라 회사 경영 등 인생 살아가는 이야기도 잘 말씀해 주신다.

"현대자동차 지점장이면 우리 회사보다 인원도 많고 매출도 많을 것이다. 지금까지도 잘해 왔겠지만 직원들의 불편함이 없도록 보살펴 주어야 하는 게 관리자의 역할이다. 이보다 먼저 불만거리가 생기지 않도록 해서 직원들 스스로 일할 수 있는 환경을 만들어 주어야 한다."며 선배님 회사 사례를 들어 조심스럽게 말씀을 많이 해 주셨다.

일을 배우던 젊은 시절엔 사람들에게 너무나 배신을 많이 당해 가슴 아프셨지만, 이제는 회사를 경영하시면서 직원들을 뽑을 때 오히려 자신의 아픔을 배려와 아량으로 베풀고 계신다. 학교 선배로서 인생 선배로서 좋은 방향을 안내해 주시는 신경호 선배님을 끝까지 존경으로 따르고 싶다.

신경호 선배님(오른쪽)과 나

나는 매일 새 차를 탄다

변곡점

우리나라가 IMF를 받아들인 지 몇 개월이 지나고 회사 분위기는 흉흉하였다.

자동차 판매량이 반도 안 되게 줄어 같이 근무하던 동료가 없어진 경우도 있었고, 이번엔 누가 '노란 봉투'를 받았다더라는 소름 끼치는 끔찍한 소문까지 수시로 들려왔다. 내 일만 잘하면 험한 꼴 볼 일이야 있겠냐고 했지만 근거 없는 해괴한 소문은 더 빨리 더 멀리 퍼졌다. 시기가 시기인 만큼 다들 자신의 생존을 위해서 힘들게 견디고 있었다.

그때 나는 지방의 작은 도시에서 지점장으로 근무하고 있었는데, 나의 회사 근무 중 가장 대하기 어려웠던 지역 본부장님을 만났다. 정말 힘들게 몇 달을 보냈다. 그런데 어느 날, 본사 판매 교육 팀에서 임직원들을 대상으로 전임 교수를 선발한다는 공문이 내려왔다. 전임 교수란 우리 회사 직원을 대상으로 교육 과정을 만들고 강의를 전담하는 직원을 말한다.

　그 당시 나는 몇 년째 신입 영업 직원들을 교육하는 사내 강사로 있었다. 사내 강사는 평소에는 지점에서 근무하다가 교육 기간에만 네댓 시간씩 강의하는 것이었는데, 이에 비해 전임 교수는 교육과 강의 업무에만 전념하기 때문에 전문성이 높아 아무나 지원할 수가 없었다. 내가 지원하기엔 여러 가지로 자격이 모자랄 것 같았다. 그런데 마감을 앞두고 본사 담당자에게서 전화가 왔다. 왜 아직 지원하지 않았냐며 월요일이 마감이니 빨리 서류 제출하라고 재촉했다. 망설이다가 서류만 넣어 보기로 했다. 일요일, 학교 졸업하고는 한 번도 가지 않았던 도서관에서 하루 종일 내 소개서와 지원서를 썼다가 지우고 다시 쓰기를 반복했다.

　그 후 20여 명이 지원해서, 그중 5명이 면접을 보고, 나 혼자 최종 합격을 했다. 깜짝 놀랐다. 아주 잘된 일이었지만, 마냥 기뻐하기보다는 많은 생각이 앞섰다.

　내가 지점을 떠나 강의만 전담으로 하는 본사 교육 팀으로 간다니. 지금과는 전혀 다른 업무를 해야 한다. 더욱 큰 문제는 컴퓨터를 너무 모른다는 것이었다. 그 당시만 해도 컴퓨터는 지점에 한 대밖에 없었고 게다가 지점장이 쓸 일은 전혀 없었다. 겁이 덜컥 났다. 잘못 지원한 것이다. 그러나 이젠 후회해도 소용없었다. 정신 차리고 준비를 해야 했다. 먼저 명색이 전임 교수인데 타이핑도 못하면 안 될 것 같아서 발령 나기 전까진 타자 연습을 하기로 했다. 최소한 독수리 수준은 벗어나고 싶었다. 그 시절 한컴 타자

OHP로 강의하던 시절

연습으로 '메밀꽃 필 무렵'을 매일 한 시간씩 연습했다. 나처럼 뻣 뻣한 손도 보름 정도 연습하니 제법 유연하게 손이 돌아갔다. 나도 하면 되는구나.

교수실에 오니 이번엔 강의안 만드는 게 문제였다. 그간 내가 강 의할 때는 흑백 OHP를 사용했는데 여기서는 파워포인트를 사용 했다. PPT란 말도 처음 들었다. 이런 걸 내가 어떻게 만드나 한숨 만 나왔다. 독학을 하려고 책을 펼쳐 보았으나 기초적인 지식이 너 무 없어 엄두가 나지 않았다. 할 수 없이 학원에 등록하여 배웠는 데 그때 같이 배운 동기생들이 초등학교 1, 2학년들이다.

교수실에 온 뒤로 몇 달간 전문 강사가 되기 위한 교육을 받았다. 교수실에는 특히 책이 많았는데, 연간 한 권의 책도 보기 힘들었던 내가 한 달에도 몇 권을 읽게 되었다. 그렇게 해야만 했다. 그동안 나름대로 열심히 살아왔건만 이제 보니 내실 없이 껍데기로만 산 것 같은 생각이 들었다.

강의 준비도 독서도 누가 시켜서가 아니라 나 스스로 해야만 했다. 그 어떤 내용도 어렴풋이 알아서는 교육생 앞에 설 수가 없었다. 인생에 대한 태도가 수동적에서 능동적으로 변했다고나 할까. 교수실에 근무함으로써 나는 내적으로 많이 성숙할 수 있었다. 마치 등 갈라진 논에 물 들어가듯 모든 것을 빨아들였다. 스스로도 내공이 쌓이는 것을 느낄 수 있을 정도였다.

이 모든 것은 내가 그토록 힘들어하고 회피했던 그 본부장님을 만났기 때문이라고 생각한다. 만약 그때 편안한 환경에서 근무하고 있었다면 굳이 전임 교수직에 지원하지 않았을 것이다. 돌아보면 나를 힘들게 했지만 아니, 내가 가장 힘들고 어려워했지만 그 힘든 과정이 회사 근무 35년 중에서 가장 멋지고 훌륭한 변곡점이 되었다. 인생의 꺼질 것 같은 가장 깊은 암흑 속에서 가장 빛나는 영광이 자리하고 있는 것이다.

고마웠던 그분이 정년퇴임을 하실 때 휴가를 내어 행사에 참석했다. 꼭 뵙고 싶었기 때문이다.

나는 매일 새 차를 탄다

헤럴드 경제신문

"헤럴드 경제신문 기자입니다. 인터뷰를 좀 하고 싶습니다."

헤럴드 신문사의 김 기자에게서 연락이 온 것은 일주일 전이다. 팀장을 통해서 연락이 왔다. 자동차 판매 시장의 흐름에 대해 내가 겪어 온 이야기를 인터뷰하고 싶다는 거였다. 뭐 특별할 것도 없을 거라고 얘기했지만 내가 쓴 책을 봤다며 더 많은 얘기를 듣고 싶다고 했다.

신문 기자가 나에게 인터뷰를 하겠다고 찾아오다니! 그것도 내 책을 보고? 막상 인터뷰 약속을 잡고 보니 괜한 약속을 한 게 아닌가 하는 생각이 들었다. 걱정되는 마음에 갑자기 우리 회사 소개서를 찾아보고, 몇십 년 다니면서도 잘 알지 못했던 회사의 발자취를 보여 주는 여러 가지 숫자를 외우기도 했다. 어떤 절차로 이어 나갈지에 대해 나 혼자 연습하고, 적재적소에 사용할 사례들도 꼼꼼히 메모해 두었다.

신문사와 김 기자에 대해서도 알아 두면 좋을 것 같아 헤럴드 경제신문을 주의 깊게 살펴봤다. 특히 김 기자가 연재한 '상수동 이야기'를 눈여겨보았는데, 수필 형식으로 쓴 동네 소개 연재 기사로, 동네 내력과 변천 과정을 시대 흐름에 따라 깔끔하게 쓴 글이었다. 오래된 가게 하나하나에 대해서도 자세히 취재하고 쓴 글이 그의 꼼꼼한 성격을 보여 주는 듯했다.

약속된 시간에 김 기자가 왔다. 긴장하며 상담실에서 만났는데 생각보다 많이 젊은 기자였다. 자동차를 좋아하고 관심이 아주 많다며 자기를 소개했다. 회사에서 시키는 일이 너무 많아 힘들다며 너스레를 떨었다. 처음 만났지만 요즘 젊은이와 똑같은 취미와 고민을 안고 있다는 김 기자와 얘기하니 긴장이 조금 풀렸다. 명함을 주고받고 주변 이야기부터 사는 이야기로 넘어갔다. 내 책을 잘 봤다고 추켜 줘서 분위기가 좋아졌다. 힘들어 어렵게 쓴 책이 너무도 고마웠다.

"네, 그러니까 그때는 말이죠…."

찰칵. 플래시가 터졌다. 자연스럽게 행동해야 하는데 카메라만 들이대면 어색해진다. 과연 그는 기자답게 노련하게 이야기를 이끌었고, 어떤 때는 이어지는 질문이 많아 내가 준비한 대로 대답을 진행하지 못하기도 했다. 하지만 오히려 그럼으로써 분위기는 대화하듯 편안해졌고, 이야기는 그만큼 자연스럽게 흘러갔다.

'각 그랜저'라 불리며 우리나라 최고급 승용차가 나왔을 때, 큰 회사 사장님뿐 아니라 어깨에 힘 좀 들어가 있는 형님들까지 모두

나는 매일 새 차를 탄다

가 그랜저를 사고 싶어 했는데, 제때 공급이 안 돼 형님들께 붙잡혀 가서 빌고 나온 얘기를 들려주었더니 그런 사실이 실제 있었는가에 대해 신기해하기도 했다. 나의 신입 사원 시절 그러니까 김 기자로서는 자동차에 관심조차 없었을 어린 시절이었을 텐데, 이 시기에 대해 너무 길게 얘기한 게 아닌가 생각되었다. 나도 너무 신이 나서 그리고 자세하게 설명을 곁들이는 바람에 실제 신문 기사에 실릴 때는 요즘 사람들이 잘 모르는 너무 오래된 차 얘기가 지면을 넓게 차지해 아쉽기도 했다.

그렇게 몇 시간을 상담실에 마주 앉아 나는 얘기하고 김 기자는 열심히 메모했다. 그는 한마디도 놓치지 않으려는 듯 꼼꼼하게 적어 내려갔다. 점심 먹고 커피 한잔하며 시작했는데 퇴근 시간이 되어서야 끝이 났다.

헤럴드 경제신문 인터뷰 기사

인터뷰가 진행되는 내내 지겹지 않게 들어준 김 기자가 고마웠다. 그리고 두서없이 왔다 갔다 한 말을 조목조목 정리를 잘해서 신문에 실어 줘서 고마웠다. 인생 첫 인터뷰에 아쉬움도 있었지만, 잊지 못할 추억이자 뜻깊은 경험이 되었다.

이러한 인터뷰는 내가 쓴 한 권의 책에서부터 시작되었다. 쓰다 말다 하길 몇 번이던가. 하도 힘들어 내 인생에 다시는 책을 쓰지 않으리라 마음먹으며 『나는 현대자동차 지점장입니다』를 썼다. 책은 나도 처음 썼지만 소개받아 의뢰한 출판사도 처음으로 만든 책이라 서로가 미숙하기 그지없었는데 경제신문 김 기자하고의 인터뷰가 이루어졌다. 강의를 하면서 멋쩍게 내 책을 나눠 주기도 했고 반면에 교육생들은 저자를 눈앞에서 본다며 사진 찍는 이도 있었다.

내가 책을 쓰기로 마음먹은 이유는 강의를 하는 전문 강사로서 나를 나타낼 수 있는 확실한 포지션을 정하고 싶었고, 당시 대학생이었던 내 자녀들에게도 늘 공부하고 노력하는 아빠의 모습을 보여 주고 싶었기 때문이다. 그렇게 힘들었던 책 한 권을 쓰고 나니 다시 한 권 더 쓰고 싶은 오기가 생겼다. 책을 쓰는 것도 중독인가 보다. 자신이 걸어온 길에 대해 기록으로 남기는 것은 무엇보다 소중한 일이다.

나는 매일 새 차를 탄다

KBS 인터뷰

"안녕하세요, KBS 황 PD입니다. 김세진 님 되시지요?"

"네, 그렇습니다만 어떤 일이신지요?"

4월 어느 날 오후, 갑자기 방송국 PD라는 사람에게서 전화가 왔다. 광복 70주년 기념으로 KBS1에서 '한국 경제 70년 그들이 있었다' 란 주제로 방송 제작을 하는데 나에게 인터뷰를 좀 하자는 것이다.

'광복 70년의 가장 큰 성과가 한국 경제의 발전, 한국 경제 70년에 대한 미시적 접근 및 당시 주역들(기획 입안자 및 일반인들)의 이야기를 통해, 광복 70년의 한국 경제를 객관적으로 돌아보고, 미래 30년의 과제도 고찰해 보고자 한다'고 당시 KBS에서는 소개하고 있었다.

그렇지만 나는 이게 무슨 소린가 싶었다. 그 당시의 수많은 사람 중에 어떻게 나를 알고 꼭 집어 인터뷰를 하자는 말인가? 그래서 그 인터뷰한 내용을 TV에 내보내겠다는 말인가? 우와, 도대체 어찌된 영문인지 정신이 하나도 없었다. 얼떨떨하다는 표현이 정말 이때 나한테 꼭 맞는 표현이었다.

황 PD는 내가 작년에 쓴 『나는 현대자동차 지점장입니다』라는 책을 보고 우리 회사에 연락해서 인터뷰를 하러 오게 되었다고 했다. 그 외에 저쪽에서 뭐라고 하는데 잘 들리지도 않았다. 똑바로 얘기해도 내가 못 들었다.

인터뷰는 작년에 헤럴드 경제신문하고 해 봐서 그렇게 어렵다고 생각하지는 않았다. 그렇지만 신문과 방송은 너무 다르다. 신문 인터뷰야 기자가 정리하면서 틀린 말도 바르게 고쳐 쓸 수가 있겠지만 카메라를 들이대는 방송은 수정이란 없어 부담이 많이 되었다.

허락을 받아야 하니 먼저 회사에 연락을 해 봐야겠다는 등등의 핑계를 늘어놓았으나, 허락은 이미 다 받아 놨으니 걱정할 거 없고 시간도 그렇게 많이 빼앗지는 않을 거니까 염려 말라고 했다. 1980년대의 자동차 판매 시장에 관한 내용으로 촬영하는 것이니 걱정하지 말고 그 시절 경험한 것을 말하면 될 거라 했다. 빠른 날을 잡아서 우리 지점에 오겠다면서.

본사에 알아보니 편하게 인터뷰해도 좋다고 했다. 그런데 '편하게'가 안 되었다. 인터뷰 날짜는 5일 뒤였다. 내가 월말이 다가와 준비할 시간이 촉박하니 다음 달 초에 오면 어떻겠냐고 했더니 자기네 방송 일정 때문에 어려우니 그냥 하자고 했다. 이런 젠장, 자기네들 맘대로군.

갑자기 바빠졌다. 무엇을 준비해야 할지 막막했고 어떤 말을 해야 할지 도무지 알 수가 없었다. 다만 미리 말한 대로 80년대 일어

나는 매일 새 차를 탄다

난 일들을 곰곰 생각해 보고 상으로 받은 트로피와 그 시절 사진 등 몇 가지를 준비했다. 몇 가지 예상되는 질문에 대비하여 글로 써서 외우기도 했다.

자기가 황 PD라고 소개하면서 카메라맨과 조명기사, 이렇게 세 사람이 왔다. 이렇게 한 팀이란다. 사람은 세 명인데 장비는 한 트럭이다. 무슨 장비를 이렇게 많이 가지고 다니나.

카메라를 보지 말라, 편하게 말하라, 틀려도 멈추지 말고 계속해서 말하라는 등의 사전 주의 사항을 듣고 난 후 황PD와 촬영에 들어갔다.

카메라 앞에 앉았는데 조명이 얼마나 세게 비치는지 시작하자마자 이마에 땀이 솟았다. 말도 빨라졌다. 촬영이 멈췄다. 긴장하지 말라고 했지만 표정이 굳어짐을 나도 느낄 수 있었다. 주의 사항을 다시 듣고 촬영을 시작했다. 전시장에서는 차를 둘러보면서 나 혼자 말을 해야 했는데 겸연쩍어 말문이 자꾸 막혔다.

그러던 차에 마침 차를 보러 온 고객 한 분이 계셔서 예기치 않게 그분과 얘기하는 장면을 많이 찍었다. 전시장에서 한 시간 이상이나 촬영을 했는데 나중에 방송을 보니 나보다 그 고객이 더 중심이 되어 나왔다.

자리를 옮겨 지점장실에서 촬영을 했다. 내가 80년대 기념될 만한 물건을 만지며 그날을 회상하는 장면이었다. 회사에서 받은 트로피와 큰애 세 살 적 자동차에서 찍은 사진을 보여 줬다. 이후에도 직원들과 회의하는 것 등 네 시간여에 걸쳐 촬영을 했는데 방송에 나온 건 채 1분도 안 되었다. 길고 긴 촬영에 진이 다 빠졌다. 어떤 식으로 촬영할 거라는 귀띔만 줬어도 좀 잘했을 건데 하는 아쉬운 생각이 정말 많이 들었다. 내가 준비한 80년대 시대상에 대해서는 한마디도 하지 못했다. 아예 각본에 없었다.

KBS1 '광복70주년 기념 다큐멘터리' 인터뷰 촬영 모습

방송은 열흘 후에 나왔다. 이 프로그램은 2015년 5월 2일 토요일 저녁 8시 KBS1에서 방영되었다. 1시간 방영 시간 중 내가 나온 건 중간에 1분도 안 되는 짧은 시간이었다. 그야말로 대부분 편집되었다. 방송에 내보낼 만한 화젯거리를 보여 주지 못해 촬영하느라 애쓴 황 PD 팀에게 미안했다.

하지만 KBS1 TV 방송의 위력은 대단했다. 곳곳에서 TV에서 나를 봤다며 전화가 왔다. 강의에 가도 나를 봤다고 했고, 20여 년 동안 한 번도 보지 못했던 고종사촌도 저게 진짜 자넨가 싶어 한참 동안이나 쳐다봤다고 했다. 심지어 우리 모임 선배는 TV 채널을

나는 매일 새 차를 탄다

돌리다가 너를 봤다며 혹시 더 나오나 싶어 그 프로를 끝까지 봤다며 웃었다. 이럴 줄 알았으면 나 TV에 나온다고 온 동네방네 떠들고 다닐 걸 그랬나? 이런 것도 나의 멋진 홍보인데 말이다. 제대로 준비해서 다시 한번 TV 인터뷰 할 날을 기대한다.

회상

　30년 하고도 훨씬 많은 세월을 현대자동차에서 근무하다 보니 내가 좋아하는 것들은 이상하게 업무와 연관되는 게 많다. 그간 의식적으로 생각해 보진 않았으나 지내고 보니 내가 편안해하는 분위기가 있었다. 그러고 보니 그 익숙한 분위기를 좋아하는 것 같다. 아무리 좋은 호텔이라도 처음엔 편안하고 좋겠지만, 며칠 밤만 지나면 조금 어수선해도 내가 지내던 내 집이 최고라고 여기듯이 말이다.

　지금 내가 근무하고 있는 지점은 40여 년도 훨씬 더 지난 상당히 오래된 건물이다. 그간 수리하고 깨끗이 닦고는 했지만 켜켜이 쌓인 세월의 흔적은 할머니 주름보다 더 깊이 파여 있다. 오래되어 반질반질 닳은 출입문. 잠금 장치는 지문을 인식하는 최첨단으로 달려 있지만, 출입문 자체는 이 건물만큼이나 나이를 먹어 문을 먼저 손봐야 할 것 같다. 그러나 그런 오래된 문도 매일 아침 "경계근무 이상 무!"를 외치며 정겹게 나를 맞아 준다. 어찌 보면 위험하다

나는 매일 새 차를 탄다

싶을 정도로 낡은 곳도 있다. 하지만 시골 할머니 댁이 마음의 편안함을 주듯이 이 오래된 건물에 있는 사무실도 내겐 아주 포근함을 준다.

모든 사무실엔 고유의 냄새가 있을 테지만 우리 지점 사무실엔 특유의 오래된 묵은 냄새가 난다. 언제부터 쌓여 있는지도 모를 쓰다 남은 서류나 봉투들도 한 자리 차지하고 있다. 한 번씩 정리를 한다며 갖다 버리기도 하지만 어느새 또 쌓이고 만다. 카탈로그나 문서 등 종이 냄새와 고객들에게 줄 자동차 용품들이 직원들 자리에 쌓여 있어서 자동차 지점 특유의 냄새가 난다. 모든 물건들의 수량이 매달 딱 맞아떨어지면 좋으련만 어떤 달은 모자라고 어떤 달은 남고, 그래서 쌓여 온 게 이만큼이다.

그래서 또 좋다. 삐뚤거리며 어지러이 쌓여 있는 이 분위기가 이 냄새가 좋은 것이다. 30년을 넘게 맡아 왔으니 어느새 익숙해져 버렸다. 고향 냄새처럼 안락하다.

내 책상도 그렇지만 대체적으로 지점 직원들이 사용하는 사무실은 좀 깔끔하지가 못하다. 좁은 책상 위에 얹힌 카탈로그나 서류들과 키가 맞지 않는 책들, 거기다 무슨 건강식품까지 놓여 있다. 더러 깔끔한 직원 책상도 있지만 대체적으로는 어수선해 보인다. 그 모습을 볼 때마다 여유로운 개인 공간을 내주지 못해 미안한 마음이다. 하지만 어지러운 책상에서 창의력이 더 많이 나온다는 주장도 있으니 깨끗이 정리해야 한다는 강박감은 안 가져도 되겠다.

업무 관련 자료뿐 아니라 고객에게 전달할 용품도 보관해야 하고 게다가 개인 사물도 있으니 언제나 책상은 물건으로 넘친다. 그 비

좁은 와중에도 몇몇 직원은 개인 소장품을 꼭 얹어 놓는다.

O 카마스터 책상에는 귀여운 두 딸 사진이 놓여 있다.

"예쁘게 생겼네. 결혼을 늦게 했나, 아직 애들이 어리네?"

"10년도 더 된 사진입니다. 어릴 때처럼 그 마음으로 계속 우리 가족이 행복했으면 하는 바람으로 치우지 않고 있습니다."

O는 가정을 소중히 생각하는 부모의 마음으로 자녀 사진을 보면서 힘든 하루 일과를 이겨 내고 있다.

Y 카마스터는 조그만 나무 화분을 책상 위에 올려놓고 있다. 탁한 공기 속에서 신선한 산소를 만들어 내고 있는 청량제다.

"입사하면서 사다 놓은 나무입니다. 벌써 15년이 다 되었네요. 제 분신이니 퇴직하는 날 집에 가져가려고요."

신기하다. 조그만 나무가 더 커지지도 않고 푸른 잎만 계속 달고 있는 게. 하지만 Y의 지극정성으로 오늘까지 굳건히 잘 살고 있다. 섬세한 Y의 심성처럼 나무도 섬세하게 우리의 하루를 지켜보고 있는 중이다. 15년 동안이나 싱싱하게 작은 나무를 키운 Y의 곧은 마음이 보인다.

직원들은 각자의 바람대로 열심히 살아가고 있다. 어떤 사람은 종교적인 상징물을 걸어 놓고 어떤 사람들은 따로 책상 위에 두는 것이 아무것도 없지만, 모두가 소망하는 것은 하나다. 가족의 행복을 위해 내가 열심히 일할 수 있는 힘을 얻는 것.

뭐든 자기만의 소중한 상징물을 하나 갖고 있는 건 좋다고 생각한다. 아침마다 듣는 상사의 똑같은 업무 지시보다는 자신의 신념을 다지는 것 속에서 목표 달성 의지가 더 강하게 나오는지도 모르

나는 매일 새 차를 탄다

겠다.

내 책상도 깔끔하지 못한 건 마찬가지다. 일할 땐 자꾸 늘어놓는 편이라 볼펜도 빨강, 파랑 등 몇 개씩 꺼내 놓고, 이쪽저쪽에 적은 메모지도 붙여 놓고, 공지 사항을 다시 찾아보느라 노트도 펼쳐 놓고, 또 식어 버린 커피 잔도 옆에 자리하니 내 책상도 많이 어지러이 널려 있다. 머리가 복잡하고 고민이 많은 사람일수록 책상 위가 어지럽다고 하던데….

그래도 이 책상과 함께 회사 생활을 잘해 왔다. 나를 지켜 준 고마운 책상이다. 하루의 대부분을 보낸 이 책상에서 내 인생 절반이 훌쩍 지나가 버렸다.

회상에 젖은 채 문득 책상 서랍을 열어 보니 낡은 노트 사이로 오래된 사진 한 장이 툭 삐져나와 있었다. 사진을 꺼내 살펴보니 앞만 보고 겁 없이 뛰어다니던 젊고 풋풋한 시절의 내가 거기에 있다. 내 인생의 대부분을 보낸 회사 생활을 증명이라도 하는 듯이. 오늘까지 나를 지켜 준 오래된 회사 냄새가 추억과 함께 배어 있다.

정말 이것저것 가릴 것 없이 앞만 보고 뛰어다니던 시절이었다. 얼마나 일하는 게 재미있었던지 배가 고픈 것도 몸이 피곤한 것도 대수롭지 않게 느껴졌다. 회사에서 보내 주는 포상 휴가가 다인 줄 여기며 쉼 없이 십 년을 하루같이 살아온 내 젊음이 과거에 멈춰져 있었다. 나의 의식은 오로지 일 하는 데만 에너지를 쏟아부어 시간의 흐름도 알지 못하고 다른 감정을 느낄 여력도 없었다. 그렇게 집중했던 일이 지나고 나면 쏜살같이 흐른 시간에 놀라곤 하는데 바로 그 순간 뿌듯한 성취감도 함께 따라왔다. 이제 와서 보니 철없던 젊음의 시간도 사랑했던 일과 함께 후딱 지나가고 말았다. 낡은 사진 한 장만 남긴 채.

고맙고 감사한 마음에 다시 한 번 깊숙하게 몸을 묻어본다.

'92년 연간 판매왕' 수상. 왼쪽은 유홍종 부사장님. 오른쪽은 포항남부 지점 김정기 부장

나는 매일 새 차를 탄다

빈자리

"오늘 이런 비보를 전하게 되어 매우 유감입니다. 얼마 전까지 우리와 함께 근무했던 J 운영팀장님이 어제 저녁 그만…."

컥 하고 목이 메었다. 침을 삼키고 다시 말을 이었다.

"어제 저녁…."

더 이상 말이 나오지 않았다. 눈물이 떨어졌다. 뒤돌아서서 눈물을 닦고 다시 말을 하려고 했으나 떨리는 목소리에 울음만 나왔다. 듣고 있던 직원들도 고개를 숙였다.

"미안합니다."

나는 그냥 내 자리로 들어오고 말았다. 아침 조회 시간인데 다들 아무 말 없이 침묵만 흘렀다. 아직 추위가 다 가시지 않아 찬 기운이 많이 남은 2월 아침. 주책없이 조회 시간에 눈물을 흘리고 말았다. 작년까지 같이 근무하다 퇴사한 J 운영팀장의 죽음을 알리는 날이었다.

그는 업무에 애살이 많아 처음부터 끝까지 자신이 다 챙겨 봐야 직성이 풀렸다. 그가 있던 자리에는 조그만 흠도 없었다. 수많은 서류에는 토씨 하나 틀림이 없어 업무의 교본일 정도였다. 그리고 그런 일들을 다 처리한 다음에야 퇴근을 했다.

직원들과 어울리기도 좋아했다. 퇴근 후엔 업무상 부딪쳤던 직원을 불러 꼭 한 잔씩 하며 마음의 엉킴을 풀고 들어갔다. 직원들의 부탁을 거절 못 하고 최선을 다해 해결해 주니 직원들도 좋아했다.

빠짐없이 업무를 챙기고 직원들의 어려움까지 하나하나 챙기던 그였지만 정작 자기 자신은 챙기지 못하고 힘없이 병에 쓰러지고 말았다. 업무에 시달려 힘이 드나 보다며 병원에 들렀는데 정작 놀란 건 의사 선생님이었다. 이런 몸으로 어떻게 회사를 다녔냐면서. 간암이라고 했지만 나중에 보니 췌장까지 번져 있었다. 어느 게 먼저 발병했는지는 모르지만 이미 손을 쓸 수 없는 단계에 이르렀다.

회사에서는 휴직을 권고했지만 병원에서는 당장 그만두고 요양을 하라 했다. 그러다가 10여 개월 만에 이런 비보를 듣게 되었다.

회사 일이란 게 무엇인가. 반드시 회사 일 때문이라고는 할 수 없겠지만 어쨌든 30여 년 가까이 직장에 다니면서 커다란 영광도 보지 못하고 허무하게 가 버리고 말았다.

영업 지점의 일이란 게 사람들 간의 부대낌이다. 자동차 영업은 사람을 상대해야 하는 업무인지라 다른 직종에 비해 스트레스 강도가 아주 세다. 직원들은 매일 고객들과 협상을 하면서 지내야 하고, 또 팀장은 그런 직원들의 업무를 지원하며 사기도 북돋아 주면서 하루를 살다 보니 정신적, 육체적인 피로가 많이 쌓였을 것이다.

  그런 걸 눈치채지 못하고 그저 지점 업무만 바라본 내가 너무 한심스러웠고 죄스러웠다. 나 피곤하고 힘든 것만 생각했지, 옆 동료가 쓰러져 가는 것을 전혀 알지 못한 것이다. 나 역시 암을 지니고 있는 사람이라 그 충격과 고통을 고스란히 느낄 수 있는 것 같았다. 그렇기 때문에 그의 죽음을 내가 더 슬퍼했는지도 모르겠다. 시간이 지나가면 잊히겠지만 지금도 그의 빈자리가 너무 크게 느껴진다.

떠난 사람 뒤에 남은 빈자리

우리가 흔히 지나가는 말로 건강이 중요하다고 말하지만 막상 다가오면 돌이킬 수 없는 치명상이 된다. 쾌락도, 지혜도, 학문도 그리고 미덕도 건강 없이는 빛을 잃고 만다고 했다.

물론 업무도 중요하고 건강도 중요하다. 건강할 때 건강을 챙기라고 하지만 맨날 건강만 챙길 수는 없는 노릇이다. 매일같이 할 일이 돌아오기 때문이다.

건강은 일을 하기 위해서다. 건강을 챙기면서 일도 잘하는 것. 이것이 최고의 직장 생활일 것이다. 오늘도 건강한 하루를 기대하면서 출근한다.

나는 매일 새 차를 탄다

시련의
시간

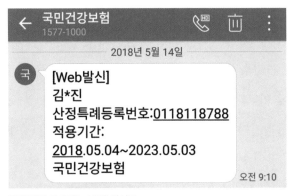

건강하길 기대하는 나의 인식표

  0118118788.

  나는 남들에게는 없는 특이한 고유 번호 하나를 가지고 있다. 이름도 길다. '국민건강보험 산정특례번호'. 쉽게 말하면 중증 환자 등록 번호다. 그렇다. 나는 현재 폐암 환자다. 그렇다고 항암 치료를 하거나 약을 먹지는 않는다. 그냥 일상생활에서 조심할 뿐이다. 신경이 쓰이지만 그다지 불편한 것도 없다. 이렇게 담담하게 말할 수 있는 것은 지금 스스로 건강하다고 생각하기 때문이다. 폐암 선고는 혹사했던 내 몸을 태어날 때 그대로 건강하게 돌려놓는 계기가 되었다.

'다시 나올 수 있을까?'

휠체어에 앉아 수술대를 마주하고 있는 나는 떨고 있었다. 6월인데도 너무 추웠다. 무서워서 더 떨렸다. 이가 덜덜덜 부딪친다. 긴장하지 말라며 누군가 담요를 더 감아 줬다. 따뜻한 촉감에도 몸은 뼛속까지 얼어붙는 것 같았다. 감긴 눈을 떠 보려 해도 잘 떠지지가 않았고 애써 떠 봐도 차가운 수술대밖에 보이지 않았다. 차라리 감는 게 나았다. 그런데도 소리는 잘 들렸다. 윙윙거리는 기계 소리는 물론 주사기에 약 넣는 소리까지 들리는 것 같았다. 잘은 모르지만 사형대에 올라간다면 이런 기분일까. 그렇다면 빨리 집행했으면 좋겠다는 생각이 든다.

누군가 다시 와서 수술대에 올라가라고 한다. 온몸에 힘이 빠져 엉거주춤 도움을 받아 올라간다. 이름을 말하게 하고 주민등록번호도 말하게 한다. 이미 감은 눈을 더 꼭 감는다. 그나마 두르고 있던 담요를 벗겨서인지 몸이 더 떨린다. 고맙게도 이번에도 누군가 얼어붙은 내 몸을 비벼 준다.

그런데 갑자기 가족들의 얼굴이 떠올랐다. 수술실 앞에서 "아빠, 걱정 말고 수술 잘 받고 와. 응?" 하는 아이들의 걱정스런 물음에

나는 매일 새 차를 탄다

아무런 대답을 하지 않은 것이다. 그때도 눈을 감고 있었다.

왜 그랬을까. 왜 나는 아무런 대답도 하지 못했을까. 아니다. 말을 하려 했지만 소리가 입 밖으로 나오지 않았다. 이상하다. 입을 떼면 눈물이 쏟아질 것만 같았기 때문이다. 왜 눈물이 나려 할까. 그래, 그러면 손이라도 꼭 잡고 있자. 아빠가 눈물을 보일 수는 없잖아. 따뜻한 손들을 서로 잡았다. 그렇게 마음 단단히 먹고 입 꽉 깨물고 수술실로 들어왔는데 후회가 됐다. 뭐라도 한마디하고 들어올걸.

지금이라도 나가서 괜찮다고 대답하고 올까. 살짝 몸을 움직여 봤다. 안 된다. 어느새 누군가 내 몸을 꽁꽁 묶어 놓았다. 큰일 났다. 빨리 가서 걱정 말라고 해야 하는데. 어쩌면 아이들이 밖에서 울고 있을지도 모른다. 눈물 많은 아내는 더 크게 울 거다. 달래고 들어와야 하는데… 감정표현을 제때 잘 못하는 나는 늘 지나고 나서 후회를 한다. 결국은 이번도 또 마찬가지가 되었다.

잠시만 밖으로 보내 달라고 부탁을 해 볼까? 그런데 이번에는 말이 안 나오네. 아마 병원에서 내 입을 풀로 붙인 모양이다. 어쨌든 나는 반드시 나가야 한다. 그러고는 사랑한다는 말을 꼭 해 주어야 한다. 이 순간에 생각나는 것은 오로지 사랑하는 아내와 아이들뿐이었다. 그들 힘으로 오늘까지 버텨 왔다. 뭐라는 소리가 조그맣게 들린다. 이제 환청이 들리는가. 그렇더라도 좀 큰 소리로 말하지. 그래도 내 귀는 눈보다 훨씬 밝은가 보다. 몸이 흔들리는 것도 같다.

"아빠, 정신 차려. 눈 떠 봐."

응? 내가 밖에 내보내 달랬더니 허락해 줬나 보다.

"아빠 괜찮아? 말해 봐. 수술은 잘됐대."

아득하니 먼 소리가 가까이 들린다. 애들과 아내가 붙어서 흔들고 난리다. 감겼던 눈을 힘껏 떠 보았다. 어렴풋이 희미하게 보인다. 이제야 정신이 좀 드나 보다. 꿈을 꾼 듯도 하고 아닌 듯도 하다. 내 인생에서 가장 무섭고 힘들었던 시간이 지나갔다.

가족의 손을 잡았다. 아직도 아내와 아이들의 손은 따뜻했다. 얼었던 가슴속으로 따스함이 전해진다. 한참 동안이나 손을 잡고 있었다. 놓으면 잃어버릴까 봐서. 다시는 후회하지 않기 위해서.

"암입니다."

"네? 뭐요?"

"암이라고요."

'응? 암이 뭐야? 내가 왜 암이 걸려? 이렇게 멀쩡한데? 내가 왜?' 소리치고 싶었으나 목이 메어 더 이상 소리가 나오지가 않았다.

2018년 5월 4일.

내가 정말로 미워하는 그 판독 의사는 나에게는 눈길도 주지 않은 채 모니터만 주시하다가 내던지듯이 차갑게 말을 뱉었다. 암이라는 말에 그 자리에서 얼어붙은 나는 몸이 허공에 붕 떠 있는 것 같았다. 중심이 잡아지지 않아 휘청거렸다. 몸도 머리도 생각조차도 텅 비어 버리고 말았다. 가족력도 없고 평생 담배를 피워 본 적도 없으며 매연 많은 공장이나 탄광에서 일한 적도 없는데 내가 왜 하는 억울한 생각이 들었다.

나는 매일 새 차를 탄다

내가 암이라는 소식을 듣자 아내도 아이들도 서로 껴안고 한참 동안이나 소리 내어 울었다. 그 울음에 가슴이 미어져서 나도 따라 눈물이 흘렀다. 가족이라는 울타리에서 서로가 느끼는 자연스런 아픔의 공감이리라. 나중에 소식을 들은 어머니는 목 놓아 우셨다. 구순을 바라보는 노모는 당신의 건강보다 자식의 아픔이 더 크게 와닿았나 보다. 부모 앞에 큰 걱정을 끼친 나는 또 불효자가 되었다.

집안 분위기가 말이 아니었다. 대체적으로 환자와 가족들은 암그 자체보다 그것을 받아들여야 하는 심적 불안과 정신적 고통이더 큰 것 같았다.

나도 마찬가지였다. 그렇다면 회사는 언제 그만두어야 하나. 어쨌든 정년까지 최대한 버티고 다녀야 한다는 회사를 스스로 사표를 내고 나와야 하는 일이 나에게 생길 줄이야.

여기까지가 내 인생인가. 말도 안 되는 서글픈 생각이 꼬리에 꼬리를 물었다. 한순간에 초라하고 어두운 나락으로 떨어지는 내가비참하게 느껴졌다. 화가 나기도 했고 무섭기도 했다.

앞으로의 내 존재가 두려웠다. 하루 종일 암에 대한 검색을 했다. 내용이래야 다 거기서 거기였지만 나에게 맞는 무언가를 찾아내야 한다는 절박한 심정이 나를 초조하게 만들었다. 이러다간 정신병이 먼저 올까 겁났다. 이대로 진짜 죽을 수도 있다는 생각이머리를 짓눌렀다.

혼란 속에 시간을 보내다가 한순간 갑자기 정신이 번쩍 들었다. 살고 싶었다. 아직은 더 살아야겠다는 생각이 강하게 들었다. 내가 먼저 생명에 대한 희망을 놓아서는 안 되겠다 싶었다.

처음으로 삶에 대한 겁 없는 오기가 솟았다. 아직은 아픈 곳이 전혀 없는데 미리 겁먹고 비굴하게 살 필요는 없었다. 최고 의술을 가진 병원이니 이 정도의 병은 충분히 나을 수 있게 해 주리라 믿었다.

이렇게 생각하니 입원해 있는 병원 생활이 그렇게 나쁘지만은 않았다.

기분도 좋아졌다. 그래 나는 이겨 낼 수 있어. 할 수 있어.

무사히 수술이 끝났다. 잘됐으니 걱정 말라는 의사 선생님의 말이 하느님 말씀처럼 들렸다.

'고맙습니다! 감사합니다!'란 말이 저절로 나왔다. 수술 전이나 수술 후나 나의 일상생활에는 변함이 없다.

다만, 내가 좋아하는 술을 마시지 않을 뿐이다. 수술을 앞두고 입원해 있으니 평소에 없었던 많은 것이 생각났다. 이런 말하기는 뭣하지만 큰 병을 앓고 보니 인생에 대한 깊이가 훨씬 더해지는 것 같았다. 가족도 친구도 새삼 소중하게 여겨졌다. 나 자신부터 먼저 소중하게 여겨야 함은 물론이다.

가족의 사랑으로 내 인생은 새롭게 다시 태어났다. 2년이 지난 지금 폐 기능과 폐활량은 정상인과 똑같다는 검사 결과를 받았다. 얼마 남지 않은 회사 생활을 더 활기차고 건강하게 할 수 있는 힘을 새로이 얻었다. 예상할 수 있는 최악의 상황도 생각했지만 아직도 나는 잘 살아가고 있다. 앞으로도 행복하게 살아야 할 이유를 찾은 시간이기도 하다.

만학도

교육 팀에서 강의를 하고 있을 때다. '살아오면서 힘들었지만 보람 있고 행복했던 일'이란 주제로 토의하고 발표하는 시간이었다. 각자의 경험을 나름대로 재미있게 꾸며 발표했는데 그중 한 명이 야간 대학원에 다닌 경험을 이야기했다. 영업 때문에 밤낮없이 고객을 만나느라 정신없이 바쁜 와중에 다닌 학교지만, 5년 동안 다녀 졸업하고 보니 그래도 끝까지 이루어 낸 자신에 대해 뿌듯하기도 행복했다고 했다.

발표를 듣고 왠지 나를 채찍질하는 말 같아 뜨끔했다. 늘 공부를 더 하겠다는 마음만 갖고 있었을 뿐 행동에 옮기지 못하고 있었기 때문이다. 교육생 앞에서 잘난 체 좋은 말만 늘어놓고 있었지만 내 자신을 계속 성장시키려는 노력은 부족했다. 내 아들 딸에게도 아빠가 끊임없이 공부하고 노력하며 열심히 살아가고 있다는 것을 행동으로 보여 주고 싶었다. 또한 잘못된 목적일지 모르겠으나, 지방에 살면서 지방 대학 나왔으니, 서울에 사는 동안은 서울에서 학교를 다녀보고도 싶었다.

50대 중반에 대학원에 입학했다. 80년대 중반 대학 졸업 후 30년 만에 새로이 대학 문을 연 것이다. 동급생들은 거의 30대였고, 대부분의 교수님들 역시 나보다 어렸다. 내 아들보다 어린 학생들이 다니는 대학 교정을 나도 함께 드나드니 나도 20대 시절의 푸른 싱싱함이 돋는 것 같았다.

그러나 행복감도 잠시, 역시 공부는 정신적·육체적으로 모두 힘들다. 퇴근하고 등교하니 6시 30분에 시작하는 첫 시간 수업은 매일 지각이다. 소리 죽여 뒷문으로 살짝 들어가며 목례하는 내게 교수님은 더 깊게 인사하며 맞아 주셨다. 누가 교수이고 누가 학생인지. 저녁은 짧은 쉬는 시간에 얼른 해결했는데, 급하게 김밥을 먹다가 한번은 된통 체했다. 그 트라우마 때문인지 지금도 나는 김밥을 잘 먹지 않는다.

가장 힘든 것은 발표였다. 영어로 된 원서를 읽고 나서 내 의견과 함께 발표해야 하는데, 영어 읽는 첫 단계부터 막혀, 할 수 없이 아이들 신세를 져야 했다. 본의 아니게 우리 애들이 내 공부를 같이하게 되었다. 내가 발표할 부분을 애들이 번역해 주면 그걸 받아 정리해 발표했다. 발표를 앞둔 날에는 주말 내내 꼼짝 못하고 준비를 해야 했다. 한참 동안 붙들고 있어도 진도가 나가지 않을 때는 이걸 왜 해야 하나, 그만둘까 하는 생각이 수십 번도 더 들었다. 돈 들여 고생하는 것 같았다. 가족들과 교수님이 격려를 많이 해 주셨다. 아빠는 해낼 수 있을 거라고. 김 선생님은 다른 학생들의 본보기가 되고 있다고. 포기하려는 나는 격려에 힘입어 또다시 학교로 향했다. 특히나 아빠를 대단하게 여기고 있는 우리 애들에게 실망스러운 모습을 보여 줄 수는 없었다. 5년 동안 대학원에 다녔다는 직원이 생각났다. 이 힘든 공부를 어떻게 5년이나 했는지, 새삼 존경스러웠다.

그 바쁘고 힘든 와중에도 수업이 끝나면 가끔씩 학교 앞 주점에 모여 원우들과 잠시 친목 시간을 가졌다. 강의실에서는 예나 지금이나 교수님 시선 피하기 바빠 조용하다가도 주점에서는 다들 할 말이 많아 자꾸 시간이 길어진다. 그런 날은 자정이 훨씬 넘어서야 집에 들어온다.

2년이 지나 졸업장을 손에 들고 보니 지나고 보니 지루했던 그 시간이 정말 행복했다.

내 수업시간을 배려해 강의시간을 편성해 준 동료 강사들에게 정말 고마웠다고 말씀 드리고 싶다. 덕분에 출장 간 날을 제외하고는 결석하지 않았다. 게다가 좋은 상까지 받고 졸업할 수 있었다. 제일 연장자라고 준 상인지도 모르겠지만 말이다.

얼마 전 TV 토크쇼에 대치동 영어 일타 강사가 나왔다. 현장 수강생이 2,000명에 대기자가 1,000명에 달한다고 한다. 놀라운 것은 이미 강사로 자리 잡은 지 꽤 오래되었지만, 그는 지금도 하루에 최소 10시간을 공부한다고 한다. 또 다른 유명한 역사 강사 역시 이동하는 시간 동안 늘 책을 들고 공부한다고 한다. 1등이 되는 것도 어렵지만 그럼에도 쉬지 않고 공부하는 그들이 존경스럽다.

간혹 다른 사람들과 어려움을 얘기할 때, 막막하고 뭘 해야 할지 모르겠다는 사람을 만나면 내 얘기를 해 준다. 나이 50이 넘어 공부한 내 얘기를. 일단 시도해 보라. 늦은 시간은 없다고.

배운다는 것은 내가 살아 있음을 느끼는 것이다. 항상 공부하고 노력하는 모습을 우리 애들이나 교육생들에게 행동으로 보여 주었다는 것도 보이지 않는 무시 못 할 큰 자신감이 되었다.

신중년에 맛본 청년기의 학업 증서

올해의
강사상

한 해가 저물어가는 2014년 12월 하순, 나는 설레는 가슴을 안고 용인에 있는 마북 캠퍼스로 달려가고 있었다. 이곳에서 열리는 올해 처음으로 제정된 현대차 그룹 교육 관계자들을 위한 '올해의 강사상'을 수상하기 위해서다. '올해의 강사상'이란 현대자동차 그룹을 발전시키고 교육의 질적 향상을 도모하기 위하여 제정된 상으로서 그룹 내 사내 교육을 담당하고 있는 강사와 관계자들을 격려하는 상이다. 현대자동차 그룹 내에서 강의를 하려면 그룹에서 인정하는 공인된 자격을 갖추어야 하며 그 자격을 갖춘 강사들 중에서 포상을 한다.

명예롭게도 첫 번째 대상 수상자로 내 이름을 올리게 되었다. 그룹 내 교육 관계자들이 대부분 참석했으니 인원도 많았다. 참석 인원과 지원 시설 규모에 압도되어 시작하기 전부터 가슴이 떨렸다. 행사를 취재하기 위해 사내 방송용 카메라를 들이대니 마치 내가 영화배우라도 된 것 같다. 수상하러 나가기 쉽게 앞자리에 앉아 있었지만 무대 앞이라 그 자리가 오히려 더 긴장되었다. 마른입에 물만 자꾸 마셨다.

마침내 여러 사람 호명 중에 마지막으로 내 이름이 불렸다. 나는 의도적으로 천천히 단상에 올라 '올해의 강사상'이란 문구가 선명하게 적힌 표창장을 받았다. 짧은 순간이지만 어쩌면 이 분위기를 오래도록 누리고 싶었었는지도 모르겠다. 이 작은 종이 하나에 강사로서의 커다란 무게가 실려 있었다.

시상이 끝나고 소감 발표가 있었다. 미리 간단한 소감 한마디 준비하라고 알려는 줬지만 함축된 짧은 말이 사실은 더 어렵다는 건 알 만한 사람은 다 안다. 게다가 수상에 걸맞은 의미도 있어야 했다. 혼자 여러 번 연습하면서 준비했지만 막상 떨리는 가슴은 어쩔 수 없었다. 모두가 내 입만을 쳐다보고 있었다. 100여 명이나 있었지만 숨소리 없이 너무나 조용하다. 흥분된 가슴을 깊은 숨으로 진정시켰다. 그러고는 마이크를 잡고 서서히 입을 떼었다.

"1969년 7월 20일" 모두가 내게 집중했다. "아폴로 11호 선장 닐 암스트롱은 달에 인류 최초로 첫발을 내딛면서 '이것은 한 인간에게는 작은 한 걸음이지만 인류에게는 위대한 도약의 발걸음이다'라고 말했습니다. 오늘 제가 받은 이 상은 저에게는 작은 한 걸음이지만 우리 현대자동차 그룹 강사들에게는 위대한 도약의 발걸음이 될 것입니다."

이렇게 시작하면서 수상에 대한 감사의 말과 오늘을 계기로 우리 회사가 글로벌 톱으로 발전할 수 있도록 나를 비롯한 강사들은 회사 교육에 관한 사명감 있는 노력을 다하겠다는 말로 끝냈다. 말을 마치면서도 혹시나 반응이 시원찮으면 어쩌나 걱정했는데 큰 박수 소리를 듣고 다시 인사를 하고서야 안심했다. 속이 다 후련했다. 행사장으로 올 때부터 걱정으로 마음이 꽉 눌려 있어 다른 생각이 전혀 나지 않았는데 이렇게 개운할 수가 없었다.

여기저기서 축하인사와 함께 꽃다발을 받고 악수를 하고 개인 사진, 단체 사진을 찍었다. 오늘 만큼은 내가 주인공이었다. 내가 이렇게 주목을 받은 날이 언제였던가. 새삼 기분이 새롭다.

강사는 오랜 경험이 있다고 잘하는 것도 아니고 무작정 노력만 한다고 잘하는 것도 아니다. 이 상은 같이 근무한 교수실 동료들과 같이 받은 것이며 동료들 덕분에 잘할 수 있었던 게 아닌가 생각한다. 그런데 왜 이제야 이런 생각이 들까.

동료나 경쟁자 없이 혼자 성장할 수 있는 사람은 없다. 강사들은 먼저 경험한 누군가의 강의를 보면서 그를 따라하고 그를 뛰어넘으려고 발버둥 치는 사이 자신도 모르게 자신만의 강의 영역을 만들어 간다. 자신의 성장도 혼자서 할 수는 없지만 강사로서 인정받는 일도 누군가의 도움이 절대적으로 필요하다. 무명 배우가 많듯이 세상에는 알아주지 않는 강사가 얼마나 많을까. 내 가치를 알고 지원해 주는 사람이 있어야만 비로소 강사로서 알릴 수 있는 기회를 얻을 수 있는 것이다. 그래서 사람은 자신을 믿어 주는 사람을 위해 일한다고들 한다. 강의안 하나에도 스토리가 있고 의미가 있다.

현재의 보상이자 미래의 책임이 될 '올해의 강사상' 수상

가끔은 눈에 보이지 않는 경쟁을 하면서 만들기도 한다. 그래서 더 나은 강의안이 나온다. 이런 큰 느낌을 이제야 알게 됐다.

강의는 미래를 비추는 거울이다. 미래의 불확실함에 밝은 빛을 비춰서 강의라는 거울이 올바른 사회적 가치를 담을 수 있기 때문이다. 지점장 과정, 운영팀장 과정, 카마스터 향상 과정 등 매 강의에 참여할 때마다 개인적으로 작은 배움의 큰 성장이 있었던 것 같다. 준비하면서 오히려 내가 더 많이 배웠다. 어떤 강의는 내가 더 위로받고 그럼으로써 내가 더 반성하기도 했다. 지식의 작은 깨달음은 덤이다.

강의를 하면서 어떤 강의는 좋은 평을 받아 성공하기도 하고 어떤 강의는 심하게 망가지기도 했다. 같은 강의안을 가지고 강의했는데도 결과가 다르다는 건 신기하다. 개인적으로는 똑같은 마음으로 똑같이 열심히 강의한 것 같은데.

얼마 후면 나는 새로운 길을 가게 될 것이다. 그야말로 내가 한 번도 경험해 보지 않은 길이다. 암스트롱이 달나라에 첫발을 내딛을 때의 기분처럼 나도 퇴직 후의 첫걸음이 설렘으로 가득 차 있다.

내가 가 보지 못한 길은 여전히 많이 남아 있다. 당장 내일 아니, 그 후라도 좋다. 내 인생에 다가올 벅찬 감동의 일들이 뭘까 하는 기대감에 오늘도 설렌다.

2013년 『나는 현대자동차 지점장입니다』를 출간했을 때는 나 혼자 고군분투하며 우왕좌왕도 했으나 첫 번째 책이라는 의욕만 가지고도 무난히 해낼 수 있었다. 나중에 보니 너무 미숙함이 많아 책을 본 동료들에게 부끄러운 마음이 앞섰다. 다시 몸을 추슬러 두 번째 책 출간에 도전한다.

전작의 실수를 만회코자 했지만 글을 다 쓰고 나서 다시 보니 어색하고 부족한 부분이 많은 것은 아직도 여전한 것 같다. 몇 번에 걸쳐 고치고 다시 쓰곤 했지만 그럴수록 손봐야 할 부분은 더 많이 생겼다. 어쩌면 근무해 온 회사 생활에 대한 아쉬움이 많아서 그런 생각이 드는지도 모르겠다.

원고를 정리하면서 수년 전에 쓴 노트를 펼쳐 기억을 꺼내려 했으나 더러는 생각나지 않는 것도 제법 있었다. 할 수 없이 사례의 주인공을 만나야(혹은 전화로) 했는데 이 과정에서 영업에 대한 진솔한 인간적인 얘기를 더 많이 들을 수 있어서 오히려 어둠 속에서 황금을 캐는 것 같은 행운을 얻을 수 있었다. 그야말로 억세게 운이 좋았다. 그럼으로 해서 자칫 겉치레에 그칠 수 있었던 여러 사례들이 조금은 더 현실성 있게 다가오게 할 수 있었다.

주옥 같은 얘기들 속에서 그들로부터 하나씩 배워 가며 채워 가는 내 인생 또한 풍성하게 되어 미래를 살아갈 큰 힘이 되었다. '역시 사람은 격의 없이 편하게 만나야 속마음을 풀어내는구나.'라는 것을 실감하는 순간이었다. 더 큰 배움을 얻을 수 있었던 나 자신도 행복했다. 개인적인 사례 인용에 대해 양해를 구하기도 전에 고맙게도 모두 흔쾌히 허락해 줘 졸필이지만 자신감 있게 써 나갈 수 있었다.

'이번에는 잘해야지, 이번에는 좀 더 완벽해야지.' 하면서 지내다 보니 36년이란 세월에 어느덧 정년퇴직이다. 자동차 영업 세계에서 근무가 편하지만은 않았지만 그래도 선후배 직장 동료와 고객을 잘 만난 덕분에 하루하루를 자부심 가지고 보람 있게 지낼 수 있었던 회사 생활이었다고 확신한다.

그동안 판매교육 팀과 10여 곳의 지점장을 거치면서 강의와 판매 목표 달성에 최선을 다한 직원들에 대해 감사를 드리고 함께 근무할 수 있어 무한한 영광이었다고 생각한다. 하나에서 열까지 모든 게 현대자동차에 근무함으로써 경험할 수 있었던 나만의 좋은 추억으로 기억된다.

나는 그간 정들었던 현대자동차를 정년퇴직하고 정말 한 번도 경험하지 못한 정해진 출근 시간이 없는 새로운 세계로 나가게 된다. 36년 전 긴장된 마음으로 입사를 해서 불타오르는 젊은 열정으로 근무를 하고 이제 신입 사원 때보다 더 설레는 뛰는 가슴을 안고 회사 문을 나서려 한다.

지금까지 내가 안심하고 근무할 수 있고 생활할 수 있도록 든든한 울타리가 되어 준 회사에 진심으로 감사를 드린다. 회사에서의 영광스러운 경험은 앞으로 내가 살아가는 데 필요한 또 다른 든든한 지원자가 될 것이라 확신한다. 나 역시 이 순간 이후로도 회사를 위한 열렬한 지지자가 될 것임은 두말할 것도 없다.

돌이켜 보면 몇 달 동안 휴일을 반납하고 글을 쓰는 데 몰입할 수 있었던 것도 주위의 많은 도움과 격려가 없었다면 불가능했을 것이다.

그리고 글을 쓰는 내내 나를 격려해 주고 원고를 봐 준 아내와 아들딸, 우리 가족들의 지원이 자칫 중단될 뻔했던 졸작이 세상에 나오게 한 결정적 힘이 되어 정말 감사하게 생각한다. 어지러이 널려진 글을 마지막까지 교정을 봐 준 한영미 작가에게도 고마움을 전한다.

첫 번째 책에 이어 두 번째 책까지 읽어 주신 동료 독자께 진심으로 감사드리고 또 다른 자리에서 만나길 기대한다.

2020년 10월의 마지막 밤에

김세진

권선복 | 도서출판 행복에너지 대표이사

'새 차'를 타는, 평범하지만
'특별한' 사람들의 이야기

현대자동차 창업주이자 실패를 두려워하지 않는 창조적 기업가였던 고㈜ 정주영 현대그룹 명예회장은 1991년 광주MBC 시민교양강좌에서 다음과 같은 말을 남겼다.

"사람은 누구나 나쁜 운과 좋은 운을 동시에 가지고 있다. 운이란 시간을 말하는 것인데 하루 24시간, 1년 사계절 중에서 즐겁게 일할 수 있는 시간이 좋은 운이다. 이것을 놓치지 않고 열심히 일하는 사람에게는 나쁜 운이 들어올 틈이 없다. 운이 나쁘다고 말하는 사람을 자세히 살펴보면 대개 게으르기 마련이다."

이 책 『나는 매일 새 차를 탄다』의 김세진 저자 역시 나쁜 운이 들어올 틈 없이 게으름 피우지 않고 36년간 현대자동차에서 열심히, 즐겁게 일해 왔다. 그는 1984년 현대자동차에 입사한 이래 전국 각처의 지점장과 판매교육팀 전임교수로 근무하며 영업과 관리를 직접 경험한, 정통 현장 영업맨이자 관리자이다.

그는 말한다. "책상을 정리하면서 빛바랜 노트를 들춰보니 지금 적용해도 좋을 것 같은 것들이 많이 눈에 띄었고 그래서 같은 고민을 하고 있는, 특히 자동차 영업 분야에 근무하시는 분들에게 조금이나마 대안이 되는 도움을 주고 싶었다. 어쩌면 막막할 수도 있는 영업 시장을 먼저 지나간 사람으로서의 작은 사명감일 수도 있다. 한 번만이라도 박수 받는 인생이 되기 위해 노력하는 사람들의 소중한 이야기를 꼭 적어보고 싶었다." 자동차 영업 외길인생을 걸어온 저자의 소신이 빛나는 대목이다.

시중에는 많은 영업 관련 책들이 있지만 실제적인 자동차 영업에 관련된 책은 거의 보이지 않는다. 이 책 『나는 매일 새 차를 탄다』는 공감하기 어려운 외국 사례나 심리학 이론을 설명해 주는 책이 아니다. 모두 자동차 영업에 관련된 사례들로, 특히 실적 우수자의 판촉 사례와 지점장으로서 겪은 경험을 사실적으로 적어 독자들이 참고할 수 있도록 했다.

치열한 경쟁이 난무하는 자동차 영업의 일선에서 김세진 저자의 사람냄새 물씬 나는 영업 전략이 더욱 빛나는 것은, 단순한 이론 제시에 그치는 것이 아니라 최전방의 영업 현장에서 배우고 익힌 지식과 경험이 오롯이 살아 있기 때문이다. 그의 영업 전략에 있어 필수조건은 오로지 '판매는 기술이 아니라 예술'이라는 남들과는

나는 매일 새 차를 탄다

차별화된 신념뿐이었다.

자동차 영업을 하고 싶은 사람들뿐 아니라 자기계발에 관심이 많은 독자들이라면 누구나, 페이지마다 저자의 판매 철학이 배어 있는 이 책을 통해 영업을 읽는 눈을 키우고, 본문에 나오는 사례에 독자의 경험과 지혜를 더한다면 보다 확실하고 정확한 자신만의 성공신화를 쓸 수 있을 것이라 확신한다.

코로나19로 사회적 거리두기가 필수인 요즘, 저자와 같이 평생을 한 직장에서 묵묵히 자신이 맡은 바 소임을 다하며 '새 차'라는 성공의 열쇠를 획득한 평범하지만 '특별한' 사람들이 우리 사회에 더 많아지기를 소망하며, 이 책을 읽는 독자여러분 모두에게 행복과 긍정에너지가 팡팡팡 샘솟기를 기원 드린다.

하루 5분, 나를 바꾸는 긍정훈련
행복에너지

'긍정훈련' 당신의 삶을 행복으로 인도할 최고의, 최후의 '멘토'

'행복에너지
권선복 대표이사'가 전하는
행복과 긍정의 에너지,
그 삶의 이야기!

인터파크
자기계발 분야 주간
베스트 1위

권선복 지음 | 20,000원

권선복

도서출판 행복에너지 대표
영상고등학교 운영위원장
대통령직속 지역발전위원회
문화복지 전문위원
새마을문고 서울시 강서구 회장
전) 팔팔컴퓨터 전산학원장
전) 강서구의회(도시건설위원장)
아주대학교 공공정책대학원 졸업
충남 논산 출생

책 『하루 5분, 나를 바꾸는 긍정훈련 - 행복에너지』는 '긍정훈련' 과정을 통해 삶을 업그레이드하고 행복을 찾아 나설 것을 독자에게 독려한다.

긍정훈련 과정은 [예행연습] [워밍업] [실전] [강화] [숨고르기] [마무리] 등 총 6단계로 나뉘어 각 단계별 사례를 바탕으로 독자 스스로가 느끼고 배운 것을 직접 실천할 수 있게 하는 데 그 목적을 두고 있다.

그동안 우리가 숱하게 '긍정하는 방법'에 대해 배워왔으면서도 정작 삶에 적용시키지 못했던 것은, 머리로만 이해하고 실천으로는 옮기지 않았기 때문이다. 이제 삶을 행복하고 아름답게 가꿀 긍정과의 여정, 그 시작을 책과 함께해 보자.

『하루 5분, 나를 바꾸는 긍정훈련 - 행복에너지』